get shorties Lesebühne
Nächstes Mal mit dir
Kurzgeschichtentaschenbuch No. 14

maringo

get shorties 14

HERAUSGEBER Ingo Klopfer

REDAKTION Maritta Scholz • Ingo Klopfer

KORREKTORAT Dominik Schramm • Maritta Scholz

BUCHSATZ / COVER Nicolai Köppel

DRUCK Alfaprint, Martin/Slowakei • www.alfaprint.sk

ISBN 978-3-9814278-4-4

Termine von Veranstaltungen der Lesebühne,
Bestellung von Büchern und CDs und vieles mehr:
www.maringoverlag.de

Alle Rechte liegen bei den Autorinnen und Autoren.
Da liegen sie gut.

maringo Verlag Ingo Klopfer • Stuttgart 2013

.... **WAS? WO? WER?**

Vorwort	4	
Was gibt's denn da zu grinsen?	6	**MARCUS SAUERMANN**
Mein Jahr mit Roderich	11	**VOLKER SCHWARZ**
Bleib bei dir	18	**MARITTA SCHOLZ**
Das Quiz	24	**INGO KLOPFER**
Endlich Ruhe	31	**MARCUS SAUERMANN**
Zwischen den Ohren	36	**NICOLAI KÖPPEL**
Die Einladung	41	**HEIKO REIMANN**
David Hasselhoff näht ...	46	**CAROLIN HAFEN**
Was bisher geschah	50	**VOLKER SCHWARZ**
Nach dem Beben	57	**MARITTA SCHOLZ**
Was geht	60	**NICOLAI KÖPPEL**
Der Junge im Urlaub	68	**NIKITA GORBUNOV**
Horst, Kirchbichler & ich ...	70	**JOA BAUER**
Nicht ungewöhnliche Überlegungen	76	**VOLKER SCHWARZ**
Gut, dass ich nur ein harmloser ...	82	**INGO KLOPFER**
Bückware	89	**NICOLAI KÖPPEL**
Flügelbrand	97	**MARCUS SAUERMANN**
Der Sinn des Lebens	104	**HARRY KIENZLER**
Alles richtig	106	**MARITTA SCHOLZ**
Pornos & Waldmeistersirup	112	**CAROLIN HAFEN**
Trick or treat	115	**HEIKO REIMANN**
Das kann ja Eiter werden	120	**VOLKER SCHWARZ**
Toasterflüsterer	126	**MARCUS SAUERMANN**
Die Autorinnen und Autoren	132	

VORWORT (ANFANG) ....

Liebe Leserinnen und Leser,

ich weiß ja nicht, wie es Ihnen geht, aber in einer größtenteils liberal-demokratischen Welt, in der man über alles eine Meinung haben darf und zum Teil haben muss, zumindest wenn man die meiste Zeit in Europa verbringt, in der man alles hat oder zumindest so tut, als könne man alles haben, in der man wählen gehen darf oder soll, wird es immer schwieriger, zumindest für mich, die richtigen Entscheidungen zu treffen.

In so einer globalisierten Welt fühlt man sich ja nur als kleines Rädchen. Und betrachte ich mich selbst mal ganz kritisch, bin ich eigentlich nur ein Ersatzrädchen, das nicht wirklich gebraucht wird in diesem riesigen Getriebe. Ich glaube auch, dass der berühmte Sack Reis, der irgendwo in einer chinesischen Provinz umfällt, mehr bewegt als ich.

Das kann man auch ganz einfach mal ausprobieren. Man nehme einen Kochbeutel Reis aus dem Vorratsschrank und schubse ihn um …

Und? Haben Sie jetzt irgendwas gespürt?

Nüchtern betrachtet haben Sie jetzt etwa eine Sekunde Ihrer Zeit damit vergeudet, diesem Beutel Reis beim Umfallen zuzusehen, und was hätten Sie in diesen Sekunden stattdessen Besseres anfangen können? Sie werden in diesem Buch einige Kurzgeschichten finden, die sich mit diesem Thema befassen – also damit, wie lange etwas dauert und wie das alles sein kann. Sehr spannend!

Viel länger als eine Sekunde ist ja bereits der Satz, den Sie soeben gelesen und über den Sie vielleicht sogar nachgedacht haben, inklusive der Hinführung darauf … also dieses allgemeingültigen Schwachsinns von den Problemen in einer globalisierten Welt und so.

Ich finde es wunderbar von Ihnen, dass Sie sich entschlossen haben, Ihre wertvolle Zeit nun mit diesem Taschenbuch und unseren Kurzgeschichten zu verbrin-

.... **Vorwort (Ende)**

gen, anstatt den Abend vor dem Fernseher zu sitzen, im Fitnessstudio zu schwitzen oder im Nachbarhaus wertvolle Bilder zu stibitzen (ein besserer Reim/fiel mir nicht ein!). Sie werden es nicht bereuen. Ihre Zeit mit uns ist nicht vergeudet.

Und falls Sie auch, so wie ich, als ich über ein originelles Vorwort grübelte, mal wieder nicht weiterwissen, aber ganz bewusst keine Zeit verschwenden wollen – werfen Sie einen Beutel Reis um. Dauert nur circa eine Sekunde (ohne Vorbereitungszeit), tut aber verdammt gut und keinem weh (achten Sie aber stets darauf, dass der Beutel während des Umschmisses geschlossen ist).

Und wenn wir den Chaostheoretikern Glauben schenken wollen, dann könnte es durchaus sein, dass aufgrund Ihres völlig unnötigen Umschubsens eines Reisbeutels irgendwo auf dieser Welt ein prächtiger Schmetterling mit seinen Flügeln schlägt … oder eine Autorin oder ein Autor eine neue Kurzgeschichte schreibt. Was für eine wunderschöne und wunderbare Vorstellung.

Viel Freude beim Lesen wünschen Ihnen
Ingo K. und die shorties-AutorInnen

Ingo Klopfer

WAS GIBT'S DENN DA ZU GRINSEN?
MARCUS SAUERMANN

Seltsam, denkt sie, denn so richtig mag sich einfach kein Gefühl der Erleichterung bei ihr einstellen angesichts der bevorstehenden Entlassung ihres Mannes aus dem Krankenhaus. Denn wenn sie ganz ehrlich ist, dann hat sie die Tage seiner Abwesenheit durchaus genossen.
»Und morgen dürfen Sie dann Ihren Mann wieder mit nach Hause nehmen«, hat der Arzt gestern gesagt, mit einem Tonfall, als ob das eine gute Nachricht wäre.
Klar, sie liebt ihren Mann, versteht sich von selbst, denkt sie nun auf dem Weg zum Krankenhaus, um ihn abzuholen. Aber er kann nun mal so fürchterlich anstrengend werden in seinem durchaus ehrenwerten Versuch, perfekt zu sein. Dabei ist »Versuch« fast zu wenig gesagt, er ist ja perfekt. Er macht immer alles richtig. Er sieht stets gepflegt aus, ernährt sich gesund, hat gute Tischmanieren, ist höflich und zuvorkommend, öffnet ihr im Restaurant die Tür, hilft ihr aus dem Mantel, gibt 15 % Trinkgeld, begleicht stets pünktlich seine Rechnungen, kommt pünktlich zur Arbeit, erledigt seine Aufgaben gewissenhaft und kehrt pünktlich wieder heim … und das alles ohne einen Anflug von Eitelkeit oder Koketterie. Dabei hätte er allen Grund dazu. Er arbeitet schließlich unter anderem fürs Fernsehen. Er ist nämlich der Ordnungsbeamte, der sich vor jeder Lottoziehung von dem ordnungsgemäßen Zustand des Ziehungsgerätes und der 49 Kugeln überzeugt – und das seit 25 Jahren ohne Panne, zumindest ohne Panne, für die er verantwortlich gewesen wäre. Das ist doch was!
Eine wirklich gute Partie, wie man so sagt, da kann sie sich nicht beschweren, nee, das kann sie nicht. Und auch im Bett liefert er keinen Anlass für Beschwerden. Er geht auf sie ein und hat einen ausgeprägten Sinn für Rhythmus

wie – wie ein Uhrwerk, wie ein Ziehungsgerät, oder besser noch wie eine gute alte Dampfmaschine: zuverlässig, beherrscht, kraftvoll, exakt, und ziemlich einfallslos, wie eine Dampfmaschine eben! Aber kann man ihm das zum Vorwurf machen? Schwer zu sagen.
Sicher ist aber, dass man es ihm nicht zum Vorwurf machen darf. Nicht auszumalen, was dann passieren würde! Denn, wie gesagt, ihr Mann versucht nicht nur perfekt zu sein, er ist es, zumindest ist er fest davon überzeugt.
Und wenn ihm trotzdem mal (aber das kommt in seinem Fall nun wirklich ausgesprochen selten vor) das ein oder andere Missgeschick unterläuft, behauptet er stets, dass er es genau so beabsichtigt habe.
So kam es etwa auch bei ihm einmal vor, dass er sich am Telefon verwählte. Statt aber nun kurz die Angelegenheit mit »Oh, Entschuldigung, da habe ich mich wohl verwählt« abzuschließen, tat er so, als kenne er die andere Person von früher und fing an, mögliche gemeinsame Bekannte aus einer möglicherweise gemeinsamen Vergangenheit aufzuzählen. Das Gespräch dauerte anderthalb Stunden und endete mit dem Satz, dass man die Angelegenheit wohl heute nicht mehr klären könne, aber er melde sich die Tage noch mal.
Noch schwieriger wurde sein Unvermögen, ein Versehen einzugestehen, wenn er sich mit dem Auto verfuhr. Normalerweise kam das nicht vor, aber im Urlaub in Gegenden, deren Sprache und Beschilderung ihm komplett fremd waren, eben doch schon mal. Statt dann aber umzukehren, blieb er stets auf seinem eingeschlagenen Kurs und behauptete, dass dieser unbedeutende »Schlenker«, wie er es nannte, landschaftlich weit reizvoller zu werden verspreche. Selbst als sie daraufhin durch verwahrloste Industriegebiete kamen, trostlose Steinbrüche durchquerten und schließlich auf der Einfahrt einer Kläranlage landeten, sagte er: »Na also! Das hat sich doch gelohnt!«, und

stieg aus, um Erinnerungsfotos von den Fäultürmen zu machen. Die ließ er sich zu Hause als Poster abziehen und hängte sie teuer gerahmt ins Wohnzimmer.
Viele Bekannte hielten das für originell und lobten seinen ausgefallenen Geschmack und kühnen Humor. Ach Gott, wenn sie wüssten …
Wobei – irgendwie ist es ihr ja selbst nicht anders ergangen mit ihm, schon als sie ihn kennen lernte. Damals bei einem gemeinsamen Opernbesuch. Er kam von der Toilette und hatte offenbar vergessen, seinen Hosenschlitz richtig zu schließen. Darauf amüsiert angesprochen, fragte er vollkommen unverständig, was es denn da so albern zu giggeln gebe. Das sei schließlich seine ganz persönliche Art von Subversion. Es gehe ihm darum, diese aufgeblasene Gemeinschaft von kulturbeflissenen Bildungsbürgern mit ihren faschistoiden Kleiderzwängen ins Mark zu treffen.
Das hat sie damals doch beeindruckt, wie viel ungeahnter Rebell in ihm schlummerte. Wobei es schon eine ganze Zeit lang dauerte, bis sie sich daran gewöhnt hat, dass er von nun an zu allen festlichen Anlässen mit offenem Hosenstall und kühnem Blick herummarschierte.
Ach ja, und wehe, er versprach sich mal! Einmal sagte er versehentlich »Klopf« statt »Kropf« und behauptete, nachdem sie dummerweise lachen musste, das sei Mundart und werde immer so gesprochen, da wo er herkomme. Fortan redete er von »Klieg« statt »Krieg«, von »Klug« statt »Krug«, ja von »Klimsklams« statt »Krimskrams« und ließ sich selbst in Gesellschaft anderer nicht davon abbringen, immer wieder das Thema »Klötenwanderung« anzusprechen.
Das war aber alles schon weit nach ihrer Hochzeit.
Wobei – fällt ihr ein, während sie in die Krankenhausauffahrt einbiegt: Schon damals hätte sie stutzig werden müssen, als er vor dem Traualtar in der Aufregung ihre

Marcus Sauermann

beiden Ringe vertauschte und ihr den größeren (eigentlich seinen) Ring aufsetzte, dann aber – nachdem der Pfarrer komisch lächelte – in voller Überzeugung, ihren (weit engeren) Ring gewaltsam auf seinen Ringfinger quetschte, woraufhin dieser noch während der Feierlichkeiten ordentlich anschwoll, erst knallrot und dann blau wurde, ohne dass ihr Mann sich auch nur einen Funken von Verunsicherung hätte anmerken lassen: »Ach so, mein Finger, ja, der hat das manchmal.«

Selbst als der Finger während der anschließenden Hochzeitsreise sehr bald abstarb und noch auf Fuerteventura amputiert werden musste, erklärte er alles mit Durchblutungsstörungen, die in seiner Familie nun einmal Veranlagung seien.

Genau so erklärt er sich ja auch seinen jetzigen Aufenthalt im Krankenhaus, in das er wegen Nierenversagens bewusstlos eingeliefert wurde. Und das alles nur, weil er in einem Café nicht zugeben konnte, dass er versehentlich Salz statt Zucker in seinen Kaffee schüttete, während ein kleiner Junge am Nebentisch anfing, sich darüber lustig zu machen.

Augenblicklich bestellte er eine weitere Tasse Kaffee und noch eine, schüttete demonstrativ noch mehr Salz hinein und trank sie – mit abfälligem Blick zum verwirrten Jungen – in einem Zug aus.

»Mmmh, lecker, salzig, so muss Kaffee schmecken«, sagte er genussvoll, bevor er unter heftigsten Krämpfen vom Stuhl rutschte und bewusstlos eingeliefert wurde.

Inzwischen ist seine Frau vor dem Krankenhauseingang angekommen und wartet nun auf ihn … nicht ohne Zuversicht, nachdem sie gestern mit dem behandelnden Arzt gesprochen hat, einem Psychiater, der sich ihrem Mann gegenüber als Internist ausgeben musste und mittlerweile aber eine Therapie mit ihm beginnen konnte, in der er lernen soll, angstfrei eigene Fehler einzugestehen.

»Ein sehr hartnäckiger Fall«, hat der Arzt eingeräumt, »es wird sicherlich länger dauern, bis sich dauerhaft Erfolge bei Ihrem Mann einstellen. Bis dahin ist es wichtig, bei irgendwelchen Missgeschicken von ihm auf keinen Fall loszulachen, sondern ihm das stete Gefühl vollkommener Wertschätzung zu vermitteln.«

Das will sie nun auch versuchen. Sie hat sich – auf Anraten des Arztes – sogar schon ein inneres Bild zurechtgelegt, mit dessen Hilfe sie eventuell aufkommendes Lachen im Keim ersticken kann: Es ist der Anblick, der sich ihr neulich im Spiegel einer Umkleidekabine bot, als sie sich selbst in einem zu knapp gewählten Bikini betrachtete, im grünlichen Licht einer Energiesparleuchte, und fürchterlich erschrak. Dieses Schockbild – ins Gedächtnis zurückgerufen – treibt ihr jeden Anflug von Kichern schlagartig wieder aus dem Gesicht zugunsten tief betroffener Ernsthaftigkeit.

»Soll ich dir helfen?«, ruft sie nun aus dem Auto, als sie ihn mit seinem Rollkoffer aus der Eingangstür des Krankenhauses kommen sieht.

»Nein, danke!«, antwortet er, verstaut sein Gepäck im Kofferraum, öffnet die Fahrertür, gibt ihr einen Kuss und bittet sie zu rutschen, um sich selbst hinters Steuer zu setzen.

»Soll ich nicht lieber fahren?«, fragt sie vorsichtig, »ich meine, du fühlst dich doch bestimmt noch ein bisschen schlapp?«

Er schüttelt unverständig den Kopf. Als dann von hinten ein Rettungswagen kommt und hupt, rutscht sie schnell auf den Beifahrersitz und lässt ihn ans Steuer. Hektisch startet er den Wagen und legt, ohne richtig hinzuschauen, den vermeintlich ersten Gang ein, erwischt aber – wie sie im Augenwinkel bemerkt – versehentlich den Rückwärtsgang.

Ein leichtes Glucksen entweicht unbeabsichtigt ihrer Kehle, sie weiß nicht, warum, es ist irgendwie die Anspannung, die Situation, weiß der Teufel. Sofort lässt sie aber ihr inneres Cellulite-Schockbild ins Bewusstsein rücken, das sich augenblicklich erfolgreich ihrer Gesichtszüge bemächtigt. Zu spät. Er scheint das Glucksen mitbekommen zu haben und tritt bereits aufs Gas.

Der reichlich verwunderte Zivi im Rettungswagen hinter ihnen wird nun also Zeuge, wie ein frisch entlassener Patient mit quietschenden Reifen im Rückwärtsgang losbraust mit einem Ausdruck von »Ich weiß schon, was ich hier tue«, während seiner Beifahrerin eher so was wie enormer Ekel ins Gesicht geschrieben steht.

So rast dieses seltsame Paar rückwärts an ihm vorbei, die Krankenhausausfahrt hinunter und ordnet sich überraschend glimpflich in den fließenden Verkehr der Hauptstraße rückwärts ein.

»Leute gibt's«, denkt sich der Zivi kopfschüttelnd und fährt schnell weiter in Richtung Notaufnahme, wo seine Kollegen schon sehnlichst auf die mitgebrachten Pizzen warten.

MEIN JAHR MIT RODERICH
VOLKER SCHWARZ

25. August. Sitze mit meiner Liebsten wie üblich am Frühstückstisch, als sie mich plötzlich in diesem speziellen und von mir so gefürchteten Tonfall anspricht, den nur Frauen zustande bekommen und der wie ein Vorschlag klingt –
in Wirklichkeit ist es aber ein Beschluss! Nachdem wir uns nun dieses traumhafte alte Bauernhaus auf dem Land gekauft haben, flötet sie, sollten wir doch auch das süße Katerchen der Vorbesitzer übernehmen. Man dürfe das arme Tier doch nicht skrupellos aus seiner gewohnten Umgebung reißen.

Na, von mir aus, behalten wir das Vieh. Hatte ja noch nie eine Katze als Haustier. Wozu auch, wenn man bedenkt, dass die einen ja nur deshalb nicht fressen, weil man größer ist. Ich erinnere mich aber noch daran, dass sich mein Großvater auf dem Bauernhof zwei Katzen hielt, mit denen er abends seine ledernen Reitstiefel polierte.

1. September, morgens. Sind heute also eingezogen. Dieses rustikale Haus war ein echtes Schnäppchen. Zwangsverkauf. Gehörte davor einem jungen Ehepaar, das sich aber in einem wüsten Rosenkrieg trennte. Es soll sogar Verletzte gegeben haben. Außerdem wanderte der Mann inzwischen in den Knast. Hat Geld unterschlagen. Der arbeitete, genau wie ich, in einer Bank. Leute gibt's.

Das ›süße Katerchen‹, Roderich, bringt schätzungsweise zehn Kilo auf die Waage, selbst dann noch, wenn man ihm den toten Cockerspaniel aus dem Maul nimmt.

Er lässt sich meiner Frau gleich schnurrend in die Arme plumpsen. Mich faucht er an, als ich ihn anfassen möchte. Fremdelt noch ein bisschen, der drollige Fratz.

1. September, nachmittags. Einer der neuen Nachbarn begrüßt mich. Scheint aber ein Idiot zu sein. Rät mir mit verschwörerischem Blick, den Kater zu erschießen. Der bringe nur Ärger, ich würde schon noch sehen. Der Typ hält sich einen Dobermann – klar, dass der keine Katzen mag. Als Roderich in diesem Moment durch die Katzenklappe ins Freie tritt und fauchend die Haare stellt, verzieht der Köter sich gleich winselnd in seine Hütte. Erstaunlich.

1. September, abends. Unsere erste Nacht im eigenen Haus. Gerade als wir das neue Himmelbett einem ersten Belastungstest unterziehen wollen, schnalzt die Türklinke, die Schlafzimmertür geht knarrend auf und Roderich springt zwischen uns aufs Bett. Der kleine Schlingel weiß also, wie man Türen öffnet. Cleveres Kerlchen. Er schmiegt sich sofort an die Seite meiner Liebsten und legt seine Pfo-

te auf ihre Brust. Sie lacht und findet das total süüüß! Als ich nach meiner Geliebten taste, zerkratzt Roderich mir den Handrücken. Ist wohl eifersüchtig, der kleine Racker. Das ist ja lustig. Aber das mit dem Sex wird heute wohl nichts mehr.

2. September. Bin völlig übernächtigt, da ich nachts mehrmals von Roderich aufgeweckt wurde. Der Frechdachs biss mich jedes Mal, sobald ich mich im Schlaf umdrehte oder meiner Liebsten näherte. Um Punkt drei Uhr nachts klapperte er dann auch noch mit dem Fressnapf. Damit er Ruhe gab, kleckste ich ihm eine Portion Nassfutter hin.

15. September. Man muss Roderich seitdem jede Nacht um drei füttern.

Meine Liebste hat auch einen Grund gefunden, warum ich das machen soll: So werde er mir gegenüber vielleicht endlich zutraulicher und ich müsse nicht mehr in der bissfesten Lederjacke schlafen.

1. Oktober, morgens. Habe meine Frau anhand klarer Fakten der Stiftung Warentest davon überzeugt, dass wir auf das teure Nassfutter verzichten können, wenn wir Roderich das empfohlene Trockenfutter geben. Ist hier ja kein Drei-Sterne-Restaurant für geschrumpfte Tiger.

1. Oktober, nachmittags. Roderich sitzt fauchend vor seinem leeren Nassfutternapf. Pädagogisch drücke ich seine Schnauze ins Trockenfutter daneben. Er krallt und beißt mich in den Handballen. Blute fürchterlich. Als ich mit Pflastern verarztet zurück in den Flur komme, hat Roderich dort einen Haufen gesetzt, dahinter sich der Nachbarshund in den Schatten legen könnte.

Setze mich ins Auto und gehe Nassfutter kaufen.

Roderich frisst nur »Meeresfrüchte-Filets«. Hundert Gramm – ein Euro fünfzig! Und das fünfmal am Tag!

Unser Liebling muss uns das wert sein, sagt meine Frau fahrlässig. Von wegen unser Liebling! Für diesen Whiskas-Häcksler bin ich doch bloß der Dosenöffner.

7. November. Überlege, wo anderweitig katzenbezogene Kostenreduzierungen umsetzbar sind. Könnte künftig die Streu einsparen, indem ich das Katzenklo entferne – es steht nämlich unbenutzt da, obwohl es draußen seit Tagen in Strömen regnet. Tapferer Bursche, dieser fette Kater, geht auch bei Sauwetter zum Download vor die Tür.

11. November, Morgengrauen. Der Rauchmelder im Wohnzimmer löst aus. Dort hat sich die seit Tagen mysteriöser anfühlende Raumluft in ein ätzendes Gas umgewandelt, davon man schier erblindet, auf jeden Fall aber erstickt. Ich lokalisiere das Epizentrum hinter dem alten Bauernschrank und schaue nach. Roderich hat dort hingekackt. Den vielen Haufen nach zu urteilen, macht er das schon eine ganze Weile. Vermutlich seit es regnet.

Gleich darauf eine Meinungsverschiedenheit mit meiner Frau gehabt, wer von uns Roderichs Hinterlassenschaft zu entfernen hat, bevor es sich durch den Boden ätzt. Hab's schließlich weggeputzt, weil sie gleich das Schließlich-mache-ich-den-ganzen-Haushalt-Geschütz aufgefahren hat. Und um ein wochenlanges sexuelles Embargo zu vermeiden.

11. November, nachmittags. Habe stundenlang im Internet recherchiert, wieso Roderich die Bude fäkal bombardiert haben könnte. Mehrheitlich ist man der Meinung, etwas missfalle ihm an der sanitären Einrichtung, hygienisch oder optisch. Fengshui für die Katzenwurstbude, ich glaub's ja nicht! Bin dennoch verunsichert und kaufe für viel Geld verschiedene Streu und sicherheitshalber noch mehrere ungleich geformte und gefärbte Katzenklos zum Probesitzen.

13. November. Ein anderer Online-Ratgeber hatte mir empfohlen, Musik abzuspielen, solange man den Kater alleine lässt. Die Musik entschärfe das typische Protestverhalten sich einsam fühlender Kater und entspanne sie. Aber lediglich Roderichs Blase hat sich entspannt.

VOLKER SCHWARZ **15**

Hat heute quasi voller Inbrunst in den Receiver gebrunzt. 2000 Euro futsch! Und dabei hatte ich »The Lovecats« in Endlosschleife aufgelegt, bevor wir morgens aus dem Haus gingen.

15. Dezember. In dieser Woche hat Roderich sechsundzwanzig Bücher aus dem Regal gezerrt und völlig zerfleddert. Habe die restlichen Bücher im Regal blockweise mit Stacheldraht umwickelt. Bin gereizt. Während meine Frau unter der Dusche steht, kicke ich das fette Floh-Asyl quer durchs Wohnzimmer.

15. Dezember, abends. Als ich mich an den Schreibtisch setze, stelle ich fest, dass sich mein Laptop nicht mehr starten lässt und streng nach Roderich Nr. 5 riecht. 1500 Euro!

16. Dezember. Habe bei meiner Frau durchgesetzt, dass wir Roderich nachts aussperren. Um ihn hinauszutragen, ohne von ihm zerfleischt zu werden, kaufte ich mir extra Kettenhandschuhe. Jetzt sitzt die blöde Fellwurst auf dem Balkongeländer vorm Schlafzimmer und maunzt durch die Nacht wie eine Sirene bei Fliegeralarm. Drei Nachbarn rufen nacheinander an und verlangen, dass ich das krakeelende Vieh ins Haus hole, da sie es sonst erschießen würden.

Biete jedem 100 Euro bei Erfolg.

Mit Ohrstöpseln verschaffe ich uns Stille. Endlich allein! Meine Annäherungsversuche lehnt sie allerdings ab.

16. Dezember, zwei Stunden später. Meine Liebste teilt mir mit, Sex in Erwägung zu ziehen, falls ich den Kater wieder herein lasse. Das ist sexuelle Nötigung, sage ich. Na und, sagt sie. Sie finde einfach keine Ruhe, solange ihr »Rody« da draußen den Raubtieren ausgesetzt sei. Außerdem habe sie Schüsse gehört. Mir tut's dann auch leid: wegen der armen Raubtiere! Meine Frau untersucht den fetten Dachhasen gleich auf Wunden, doch er ist leider unverletzt!

Dass ich die mir offerierten Beischlafaktivitäten plötzlich abbreche, verwundert sie. Mach das mal, während ein übergewichtiger Kater mit tennisballgroßen Klöten danebensitzt und dich abfällig mustert! Ich schwör's, das Mistvieh hat gegrinst!
26. Januar. Wir haben seit fünf Monaten keinen Sex mehr gehabt. Dieser getigerte Coitus Interruptus kuschelt sich jeden Abend an die Frau, von der ich einmal dachte, dass ich nicht ohne sie sein könnte. Dann brummt er los wie ein Schiffsdiesel, wovon sie sofort einschläft, während ich deshalb die halbe Nacht wach liege. Habe deswegen aus Übermüdung schon öfters morgens verschlafen und inzwischen von meinem Chef eine Abmahnung dafür erhalten. Übernachte ab morgen im Gästezimmer.
2. Februar. Katerbedingte Inventarverluste in dieser Woche: Mein wildlederner Geldbeutel – verschwunden. Zerbrochene Skulptur ›Der Denker‹ – 500 Euro. 37 zerkratzte CDs –unbezahlbar!
3. Februar. Korrektur. Mein Geldbeutel ist wieder aufgetaucht. Fand ihn hinter der Katzenklo-Siedlung. Scheint aber inzwischen durch einen Katermagen gewandert zu sein.
17. Februar. Heute die zweite Abmahnung verpasst gekriegt. Einesteils, weil mein Chef sich verarscht fühlte, als ich ihm meine erneute Verspätung damit erklärte, ich hätte auf dem Weg zur Arbeit zuerst noch verhindern müssen, dass unser Kater den Nachbarshund vergewaltigt. Hauptsächlich aber, weil ich am Auszahlungsschalter angeblich die Kunden irritierte, da ich versehentlich noch die Kettenhandschuhe trug.
4. März. Roderich sitzt einfach am längeren Hebel, weil er weiß, dass sein in ihn vernarrtes Frauchen ihm alles durchgehen lässt. Sobald ich ihn nur schräg anschaue, trüffelt der Psycho wenig später in meine Schuhe. Mein neunmalkluges Weib meint ja, das sei alles meine Schuld.

Ich würde mich mental nicht auf Roderich einlassen. Bin versucht, ihr zu sagen, dass ich mich durchaus mental mit Roderich beschäftige – dass ich ihn mir in letzter Zeit nur noch als Pelzmütze vorstelle.

18. März. Habe jetzt eigenhändig Fliesen verlegt, weil der große Teppichboden aufgrund täglicher Kater-Attacken zuletzt nur noch wie ein überfahrenes Schaf ausgesehen hat. 5000 Euro und ein Bandscheibenvorfall.

2. April. Heute bekommen wir Besuch von Freunden, also hängen wir zu diesem Anlass einen Abend lang wieder Vorhänge und Bilder im Haus auf. Gäste haben wir nur noch selten. Ein Freund gesteht mir, weshalb: Zwischen meiner Frau und mir herrsche in letzter Zeit offensichtlich ein sehr gespanntes Verhältnis. Außerdem rieche es im Haus in allen Räumen penetrant nach Diesel. Das ist so, weil ich alle losen Gegenstände zur roderichschen Abschreckung damit eingepinselt habe.

23. April. Bin jetzt hoch verschuldet. Habe mein Auto und das Garagentor demoliert. 11000 Euro Schaden! In der Hoffnung, Roderich einmal zu erwischen, biege ich immer sehr schnell in unsere Hofeinfahrt ein – bin dieses eine Mal allerdings von der Bremse abgerutscht.

2. Mai. Wollte Roderich heimlich vergiften, doch der gerissene Kerl hat das Rattengift im Futter gerochen und den Napf nach draußen gebracht. Jetzt liegt der Nachbarshund tot im Garten. Nachmittags eine Schlägerei mit dem Nachbarn gehabt. Hat mir die Nase gebrochen und mich wegen Tiermord angezeigt. Als meine Alte hämisch darüber lacht, tunke ich ihr Gesicht in den Futternapf.

2. Juni. Bin fristlos entlassen worden. Wegen Gelderschlagung. Ein Gerichtsverfahren gegen mich hat man auch schon eingeleitet. Das Haus muss ich verkaufen, mein liederliches Weib ist ausgezogen und hat die Scheidung eingereicht. Roderich hat sie dagelassen, ihr neuer Freund hat eine Katzenallergie.

25. August. Meine Strafe wurde vom Richter zur Bewährung ausgesetzt: seine Frau hat sich vor kurzem einen Kater angeschafft.
Ich lebe jetzt in einer Ein-Zimmer-Sozialwohnung in der Weststadt. Zusammen mit Roderich. Abends sitzen wir gemeinsam vor dem Fernseher, essen Chips und trinken Bier. Seitdem ich ihm regelmäßig Katzenminze zum Schnüffeln gebe, ist er völlig stubenrein und schaut mich stundenlang verliebt an, während ich ihn mit dem Kettenhandschuh streichle. Nur manchmal, wenn er zu viel Bier aufgeleckt hat, randaliert er in den Straßen, kackt auf Motorhauben und jagt streunende Hunde. Manchmal begleite ich ihn.

BLEIB BEI DIR
MARITTA SCHOLZ

Und wieder hatte er mir gesagt, dass ich mich zu viel einmischen würde in Dinge, die mich nichts angingen, zu viel um anderer Leute Probleme kümmern würde, statt bei mir zu bleiben, mit dieser Haltung zu viel anecken und mich dadurch im Anschluss schlecht fühlen würde. Das sei mein Hauptproblem, dass alles zu sehr in mich reingehen, statt an mir abprallen würde. Ein Problem meiner Wahrnehmung, das wisse ich ja, das ließe sich ja mit Medikamenten regeln, aber das wolle ich ja partout nicht. Strafender belustigter Blick. –– JO!
So stand ich also danach wieder rauchend an der Haltestelle und sah Jugendliche, die ihre Kaugummis an den Fahrplan klebten. Hey, wollte ich rufen, lasst das! Aber ich hörte seine Stimme in meinem Kopf, die sagte, dass ich mir mal überlegen solle, warum mich solche Dinge inner-

lich so angriffen. Bei mir bleiben, sagte ich mir. Das hat nichts mit mir zu tun. Ich bin hier kein Aufpasser.

Er, das ist mein Therapeut. Zu ihm ging ich brav jede Woche, als Selbstzahlerin, seit ich einem Jugendlichen in der S-Bahn eine gescheuert hatte, nachdem er seine Cola über mehrere Sitze vergossen hatte. Na ja, es war etwas anders, er hatte seine Cola über die Sitze verteilt, nachdem er seine Kippe auf einem der Sitze ausgedrückt hatte und dieser Feuer gefangen hatte. Nein, eigentlich begann es damit, dass ich ihn schon vorher darauf hingewiesen hatte, dass Rauchen in der Bahn verboten sei. Wie auch immer, auf jeden Fall ergab die polizeiliche Untersuchung und die Befragung des jungen Menschen, dass ich an allem schuld war und es nie so weit gekommen wäre, wenn ich ihn nicht vom Rauchen hätte abhalten wollen. Diese unangenehme Begegnung führte dazu, dass mir vom Richter schließlich ein Anti-Aggressions-Training verordnet wurde. Da mein Täterprofil aber eher untypisch war, durfte ich dies auch in einer Einzeltherapie angehen und musste nicht mit übergewichtigen vorbestraften Männern in so einen Kurs vom Sozialamt; ich durfte mir selbst einen Therapeuten suchen und diesen freundlicherweise auch selbst bezahlen. Immerhin. Schließlich bin ich weiblich, Kindergärtnerin, nicht vorbestraft, zweifache Mutter, habe null Punkte in Flensburg, bin ehrenamtlich im Stuttgarter Katzenverein tätig und darüber hinaus noch get-shorties-Autorin.

Herr Dr. Matthias Feller, zu dem ich Herr Feller sage, ist ca. 40 Jahre alt und sehr nett. Da er kaum älter ist als ich und ich ihn sehr sympathisch finde (Können wir das Ganze nicht bei einem Bier besprechen, nein, ach so, dann nicht, das wäre nicht professionell, ach, verstehe, dann sitzen wir halt hier in dem gut klimatisierten Raum, mit Sofa und Sessel und angenehmen Bildern an der Wand), nenne ich ihn insgeheim Matze. Matze ist seither immer bei mir. Ich weiß genau, wie er redet und was er mir vermitteln will, er ist mein inneres Engelchen, das mich leitet. Es gibt auch ein Teufelchen, das ist mein Gewissen, aber das muss weg. Ich schaue also nicht zu den Jugendlichen und verdränge den Impuls, sie zurechtzuweisen. Als ich ihm in der nächsten Sitzung davon berichte, bekomme ich ein Matze-Lächeln zur Belohnung und er sagt: »Sehr gut, Frau Heim, wir sind auf dem richtigen Weg – und das ganz ohne Medikamente! Wie haben Sie sich dabei gefühlt?« Ich sage: »Scheiße! Feige … und die Zivilcourage! Und unsere Steuern, die für den Vandalismus aufkommen müssen … und die ganzen armen Leute, die den Fahrplan jetzt nicht mehr lesen können, weil er total verbebbt ist … und überhaupt!« Matzes Lächeln friert ein. »Machen wir nochmal die Atemübung, Frau Heim. Welches positive innere Bild rufen Sie sich auf? Den Hasen?« Ich nicke ergeben, sage aber: »Nein, heute die Südseeinsel« – (ein bisschen Trotz muss sein), und atme eine Weile mit ihm.

Matze, also Herr Feller, ist sehr attraktiv. Deshalb verzeihe ich ihm das Eso-Gedöns. Er steht ja auch sehr unter Druck. Wenn ich mir nochmal eine Entgleisung leiste, fällt das auch auf ihn zurück.

Immer wieder ist die Person des rauchenden, Cola vergießenden Jugendlichen, er heißt Leon, Thema. Loslassen soll ich. Leon konnte vor Gericht glaubhaft versichern, dass er traumatisiert sei und ich ihn durch mein Handeln angetriggert hätte. Er ist vorbestraft, kommt aus einem schwierigen sozialen Umfeld, ist Förderschüler und hat außerdem einen Migrationshintergrund, wenn auch nur zu einem Viertel mütterlicherseits. Ein Zeuge, sein Cousin, hat außerdem angegeben, dass ich sehr emotional gewesen sei und mich im Ton vergriffen hätte. Das hat er natürlich nicht so formuliert, aber Matze ist der Meinung, dass dies irrelevant sei, und will eher wissen, warum ich mich so mit dem Opfer auseinandersetze. Ich solle mich mit meiner Täterschaft abfinden und diese bearbeiten. Mein Blick, er schaut verzeihend, sei manchmal etwas fordernd und provokant, meine Art zu reden auch. Dies sei hier Thema. Nicht der andere. Bleiben Sie bei sich, Frau Heim! Ich gebe nach. Er tut mir leid, der Matze. Ist ja auch nervig, immer diese Geschuggten den ganzen Tag. Ich will kooperieren, für Matze. Er macht mir einen sehr fairen Preis, weil ich ja Selbstzahlerin bin und mich – bei Erfolg – sehr gut in seiner Vita mache. Außerdem gibt es bei ihm in der Praxis Volvic und Vittel umsonst. Würde ja gerne fragen, warum er ausgerechnet diese Marken wählt – in Plastikflasche! Ja, und weiß er denn nicht, dass die zum Nestlé-Konzern gehören oder zu Kraft, also auf jeden Fall zu den schlimmsten Kapitalisten-Vereinen überhaupt? Ich lasse das aber lieber, da es mir eventuell überkritisch ausgelegt wird und er in wöchentlichem Austausch mit meinem Bewährungshelfer steht.

Wenn man drin ist, im Psycho- und Strafsystem, ist man gesellschaftlich draußen. Also in meinem Fall: fast. Ich finde unsere Treffen lästig und zu zeitraubend, trotz der oben genannten Vorteile, und habe ihn deshalb letztes Mal gefragt, ob ich nicht stricken dürfe, nachdem das mit der Kneipe und dem Bier schon nicht durchging. Aber nein, stricken ist auch nicht. Als ich einmal anfange, meine Fingernägel zu richten, wird er ziemlich sauer. Schade, sage ich, tut mir leid, ich bin halt so der Two-in-one-Typ und außerdem gestresste berufstätige Mutti, da muss man schon gucken, dass man alles irgendwie geregelt bekommt. Trotzdem, geht nicht, so viel Professionalität und Ernsthaftigkeit muss sein.

Ich bekomme auch Hausaufgaben. Ich soll Mindmaps gestalten, einen emotionalen Lebenslauf schreiben, meinen Lebensbaum malen. Das muss ich dann abgeben und der ganze Kram kommt in meine Akte.

Aber es gibt auch praktische Aufgaben, denn ich soll ja wegsehen und verdrängen lernen. Dafür soll ich U-Bahn, S-Bahn und Zug fahren und mich in eher sozialschwache Stadtteile begeben. Dann soll ich aufschreiben, was passiert ist und in was alles ich mich nicht eingemischt habe. Es ist schon sehr schwer für mich, zumal ja an den ganzen Stadtbahnen und Bussen neuerdings Werbung für Zivilcourage ist: »Sieh hin, misch dich ein, handle!«, steht da zum Beispiel.

»Das gilt nicht für Sie, klar?!«, sagt Herr Feller. »Sie fühlen sich nicht angesprochen und bleiben bei sich!« Das sei die erste Übung: die Aufschriften ignorieren. Letzte Woche war ich in Neugereut, Stammheim und Frauenkopf. Ich habe dort nicht gesehen, wie einer Oma die Handtasche geklaut wurde, eine hochschwangere Frau von drei Jungs vom Sitz im Bus geschubst wurde, ein kleines Mädel einen Briefkasten anzündete, die Muttis, die ihre Kippen in Sandkästen verschwinden lassen, sehe ich ja eh schon lange nicht mehr, den Offroader-Fahrerinnen, die auf der Gänsheide zum Friseur gehen, während draußen die Karre läuft, damit sie nicht kalt wird, nicke ich freundlich zu – macht doch nichts, Klimawandel, ph! Ich bin nicht so korinthenkackermäßig drauf. Ne, ne, ich bin total tolerant geworden ...

Diese Liste präsentiere ich Herrn Feller. Er ist sehr stolz auf mich. Ich bekomme ein Matze-Lächeln wie nie zuvor und überlege schon, ob ich ihn nicht doch nochmal fragen soll, ob wir zusammen ein Bier trinken gehen. Lass' ich dann aber und warte erst mal ab, ob er mich demnächst als geheilt entlässt. Er deutet zumindest an, dass es nicht mehr lange dauern werde.

Eines Abends fahre ich mit der S-Bahn von einer meiner Wegseh-Touren nach Hause und sehe Herrn Feller, es ist schon sehr spät und ich frage mich, was er hier macht. Zufall, denke ich zunächst und nicke ihm nur kurz zu, was er aber übersieht. An der nächsten Station steigen drei Jugendliche ein, die sich zu ihm in den Vierersitz setzen. Die sind ziemlich auf Krawall gebürstet und haben schon gut getankt, und als der eine Herrn Feller auf den Schoß kotzt, beginne ich zu verstehen. Ach so, das ist meine Abschlussprüfung! Mensch, der Matze, der Schlawiner, das ist aber ein Einsatz! So spät nachts, und wo hat er die Jugendlichen her? Was das kosten muss, Schauspieler, die einen zu dieser Stunde vollkotzen. Matze reagiert sehr emotional, ich meine, er spielt sehr überzeugend. Er springt auf und regt sich total auf und wischt an sich rum. Die anderen Leute um ihn wechseln den Sitzplatz oder steigen an den folgenden Stationen aus und so ist er bald ziemlich allein mit den drei Jugendlichen. Leider höre ich nicht, was er sagt. Aber ich kann sehen, wie ihn einer, der nicht gekotzt hat, jetzt zu schubsen beginnt, der andere seine Tasche nimmt und den Inhalt in die Kotze auf den Boden leert, während der Kotz-Typ auf dem Vierer nebenan zusammensinkt und dort weiter reihert. Herr Feller ist jetzt sehr laut geworden, er bittet alle Leute im Abteil um Hilfe, spricht Personen direkt an – und sieht mich. Es ist unglaublich, wie überzeugend er das alles spielt. Ich muss richtig kichern. In der nächsten Sitzung muss ich ihm unbedingt ein Kompliment zu seinem schauspielerischen Talent machen. In seinen Augen ist große Überraschung, aber auch Freude zu erkennen, als er mich sieht, er ruft nun laut: »Frau Heim, helfen Sie mir, rufen Sie die Polizei!« Hach, mein Lieber, glaubst du, ich falle darauf rein? Ich drehe mich weg, stelle meinen MP3-Player lauter und steige an der nächsten Station aus, obwohl ich dort noch gar nicht raus muss. In der Scheibe sehe ich noch gespiegelt, dass er nun am Boden liegt und einer auf ihn eintritt. Ich denke noch, huch, das sieht aber sehr echt aus, lasse mich aber nicht beirren, atme, atme und denke an meine innere Insel. Von der Haltestelle aus nehme ich mir dann ein Taxi.

Zur Feier des Tages. Ich bin ganz euphorisch, dass ich so bei mir geblieben bin.

Die nächste Sitzung wird telefonisch abgesagt. Herr Feller liege im Krankenhaus. Häh? Jetzt übertreibt er aber ein bisschen! Am nächsten Tag bekomme ich eine polizeiliche Vorladung – ich solle mich zum Tatbestand der unterlassenen Hilfeleistung äußern, Herr Feller – mein Matze! – hat mich angezeigt und die Staatsanwaltschaft wird vermutlich Anklage erheben.

Mal sehen, bei wem ich dieses Mal ein Sozialtraining oder eine Therapie absolvieren soll. Matze scheidet ja nun aus mehreren Gründen aus. Das macht mir aber nichts. Ich bleibe bei mir und werde nicht emotional, denn ich habe ja nun gelernt loszulassen.

DAS QUIZ
INGO KLOPFER

»Wie lange dauert der weibliche Orgasmus im Durchschnitt?«

So eine Frage hatte ich nicht erwartet. Wahrscheinlich keiner von uns.

Wir sind zum zweiten Mal bei diesem Nachbarschaftsquiz dabei. Ich bin in einer Vierergruppe, deren Zusammensetzung ausgelost wurde. Wir sind drei Männer und eine Frau. Wir kennen uns jetzt seit einer halben Stunde und haben schon Fragen über erotische Hollywoodfilme beantwortet, z. B. »Wer waren die beiden Hauptdarsteller in 9 ½ Wochen?« und so … Das lief ganz gut. Ich liebe Filme und gemeinsam waren wir stark.

Jetzt im zweiten Teil, der mit »Biologisch« überschrieben ist, wird die Sache heikler.

»Wie lange dauert der weibliche Orgasmus im Durchschnitt?«

INGO KLOPFER **25**

Als Experte für Tierfilme aus dem ARD- und ZDF-Mittagsprogramm weiß ich, dass Stabheuschrecken bis zu zehn Wochen am Stück – oder besser: am Stab – Sex haben können, doch weiß ich nicht, ob eine Stabheuschrecke überhaupt so was wie einen Orgasmus bekommen kann. Gottesanbeterinnen, Artverwandte der Stabheuschrecke, z. B. fressen ihre Männchen nach dem Geschlechtsverkehr auf, was vielleicht der Hinweis darauf wäre, dass sie keinen Orgasmus bekommen haben und sich deswegen einfach denken, wenn ich schon keinen Spaß dabei hatte, dann stille ich wenigstens meinen Appetit. So ähnlich wie die Zigarette danach ... haben doch diese Insekten sehr große Ähnlichkeit mit Glimmstängeln.
»6 Sekunden«, »12 Sekunden« oder »18 Sekunden« Das sind die Antwortmöglichkeiten auf diese indiskrete Frage.
Das ist nicht viel. Und alles sehr nah beieinander. Ich schaue meine Mitspieler an. Sie wirken genauso verunsichert wie ich.
Unsere einzige Mitspielerin ist jetzt irgendwie isoliert. Keiner traut sich, sie anzusehen.
Ich kenne sie vom Spielplatz. Sie hat zwei Kinder. Marlene und Holger, soweit ich weiß. Mehr weiß ich aber auch schon nicht mehr über sie. Um Kinder zu bekommen, muss man Sex haben, folgere ich.
Eine Ausnahme ist vielleicht der Berliner Lesebühnenautor Jochen Schmidt, der in einem Selbstportrait schrieb: »Ich bin derjenige, der zuerst ein Kind hatte und dann Sex!«
Aber Sex haben und Kinder kriegen setzen keinen Orgasmus voraus. Na gut, bei Männern vielleicht, aber ...
Aber Ausnahmen sind hier nicht gefragt, sondern »Durchschnitt«!
Verstohlen schaue ich zu unserer Mitspielerin, die sich als Moni vorgestellt hat. Sie wirkt irgendwie ziemlich durchschnittlich. Sie könnte die richtige Antwort also wissen

und wir wären alle erlöst. Durchschnittlich sind wir drei Männer allerdings auch. Würde die Frage heißen: »Wie viele durchschnittliche Männer glauben, ihre durchschnittlichen Frauen hätten regelmäßig durchschnittliche Orgasmen, während sie mit ihren mittelmäßigen Männern schlafen?«, würden wir jetzt alle gleich isoliert dasitzen.

Was für eine indiskrete Frage! Wenn dieser Abend vorbei ist und ich ihr das nächste Mal mit ihren Kindern auf dem Spielplatz begegne, dann weiß ich etwas über Moni, was ich vielleicht gar nicht wissen wollte. Ich beginne mich fremdzuschämen.

Mein Nachbar, der sich als »Peter« vorgestellt hat, durchbricht unser kollektives Schweigen, outet sich und sagt, dass er keine Ahnung habe.

Ich denke, er ist alleine gekommen – also hierher zu diesem Quiz. Ich weiß nicht, ob er eine Freundin oder Frau hat. Falls ich die aber doch mal kennen lernen sollte, wird das verdammt peinlich für ihn. Ah, du bist die Freundin von Peter, der keine Ahnung hat, wie lang dein Orgasmus dauert. Wahrscheinlich würde ich aber denken, dass sie mit ihm so was gar nicht hat, weil er ja keine Ahnung hat. Natürlich würde ich so was nicht sagen, aber denken.

Meine Frau ist auch hier, ist aber in einer anderen Gruppe. Wie wird sie diese Frage beantworten? Ihre Quizpartner sind aber alles Frauen. Sie kichern die ganze Zeit und haben viel Spaß. Und während meine Frau gerade ihren Mitspielerinnen irgendwas zuflüstert, fühle ich mich intimst verraten. Was werden ihre Mitspielerinnen zukünftig denken, wenn sie mich das nächste Mal auf dem Spielplatz mit meinem Sohn sehen? Werden sie mit dem Finger auf mich zeigen?

Bemerkungen wie: »Die Rutschbahn ist aber heute wieder mal besonders schnell«, oder: »Was hat der Kleine denn?«, werden eine ganz andere neue Bedeutung bekommen. Ich

schaue meine Frau hilfesuchend an und während sie zu mir rüber schaut, lachen die anderen. Mist.
Das Nachbarschaftsquiz wurde unter Freunden ins Leben gerufen und vergrößert sich ständig. Einige habe ich noch nie gesehen, aber alle wohnen sie im gleichen Stadtteil. Wir kennen uns also kaum oder auf alle Fälle nicht gut genug, um über so was wie Orgasmen zu sprechen. Ich weiß gar nicht, wann und mit wem ich mich überhaupt schon mal über so ein Thema unterhalten habe.
Hätte die Frage gelautet: »Wie lange dauert der männliche Orgasmus im Durchschnitt?«, wäre ich aber auch verdammt unsicher gewesen.
»6 Sekunden«, »12 Sekunden« oder »18 Sekunden«.
Das ist durchschnittlich total unterschiedlich. In einer gemütlichen Männerrunde hätten wir aber darüber diskutieren und scherzen können, so wie die Frauenmannschaft meiner Frau, die immer noch bösartig herumkichert. Die sind, glaube ich, schon bei der nächsten Frage und ordnen gerade die verschiedenen Penislängen dem jeweiligen Säugetier zu.
a. Esel – b. Pferd – c. Elefant – d. Giraffe – f. Mann.
Das ist verletzend und männerfeindlich.

Ich brauche irgendwie einen klaren Kopf, entschuldige mich bei meiner Gruppe und beschließe, auf dem Balkon eine rauchen zu gehen.
Die Doppel-X-Chromosomen-Gruppe meiner Frau hat ihren Fragebogen »Biologisch« bereits abgegeben und steht schon auf dem Raucherbalkon. Sie kichern immer noch und als ich herauskomme, fragt mich eine, ob ich mir diese Zigarette schon verdient hätte.
Ich sage: »Nein, wir sind noch nicht fertig«, was der Wahrheit entspricht, und die bösen Weiber prusten schon wieder los. Vielleicht hätte ich doch besser pinkeln gehen sollen, dazu ist es jetzt aber zu spät, die wollen Stunk.

Wenn sie das wollen, können sie das gerne haben, und wenn es auf dem Balkon nicht so eng wäre, würde ich jetzt einen Handstand machen. Bevor nämlich der südamerikanische Fleckenskunk seine Angreifer mit Stinksekret besprüht, macht er als Drohgebärde einen Handstand. Ich bin mir sicher, die Frauen wären beeindruckt. So aber tue ich so, als hätte ich das nicht gehört, und schaue in den Abendhimmel, während ich dieses Kichern weiter ertragen muss.

»Männergehirne, und das ist wissenschaftlich erwiesen«, sage ich in Richtung dieser Sirenen, »sind 14 Prozent schwerer als die von Frauen.« Das hilft mir zwar weder bei der Quizfrage noch sonst wie weiter, aber vielleicht kann ich dieses dämliche Gekicher für einen kurzen Moment stoppen und meine Zigarette in Ruhe zu Ende rauchen.

Wäre auch 'ne schöne Quizfrage gewesen, überlege ich mir noch, als meine Frau zu ihren neuen besten Freundinnen sagt: »Und wusstet ihr: wenn man einem weiblichen Borstenwurm das Gehirn amputiert, verwandelt er sich in ein Männchen.«

Die Weiber kreischen los, und ich kann mir lebhaft vorstellen, woran sie denken, wenn sie sich einen maskulinen hirnlosen Borstenwurm bildlich vorstellen.

Ich will jetzt schon einen Handstand machen, als der Keine-Ahnung-Peter aus meiner Gruppe auf den Balkon kommt und fragt, wo er die Toilette finde, er müsse ganz dringend mal »für kleine Jungs«.

Mindestens zwei der vier Frauen auf dem Balkon erliegen einem Lachorgasmus. Leider hat meine Armbanduhr keinen Sekundenzeiger mehr, sonst hätte ich mitstoppen können und die Frage wäre gelöst, so aber sehe ich mir das weit länger als 18 Sekunden an und beschließe,

zurück zu meinen Quizpartnern zu gehen. Ich sehe, sie haben die Orgasmusfrage einfach unbeantwortet gelassen und inzwischen die verschieden langen abgebildeten

Penisse den jeweiligen Säugetierarten zugeordnet. Der kleinste hat wirklich Ähnlichkeit mit einem Borstenwurm, aber das ist mir jetzt auch egal.
Ich beschließe, mein 14 % Gehirnübergewicht in Alkohol zu ertränken und mich auf das Niveau einer Frau einzulassen. Eine der neuen besten Freundinnen meiner Frau, die sich immer noch auf dem Balkon wild zuckend herumwälzt, hat einen ziemlich langen dünnen Hals und einen ziemlich fetten Hintern, was sie wie ein zu großes Huhn aussehen lässt. Darüber hinaus hat sie ein ziemlich hässliches Sterntattoo auf dem Arm.
Ich imaginiere.
Beim Vogelstrauß z. B. sind die Augen erwiesenermaßen größer als das Gehirn und Seesterne haben, laut einer Tiersendung, überhaupt kein Gehirn.
Dem Artikel des Lifestylemagazins NEON mit dem Titel »Dumm fickt gut« nach müssten Seesterne daher den besten Sex haben.
Dumm fickt gut, so der Artikel, könne daher kommen, dass »Dumm« weniger darüber nachgrüble oder unangenehme Reflexionen über Hängekörperteile, Fettpolster oder Alkoholfahnen ausklammere, sich somit eher gehen lassen/hingeben könne, ergo leidenschaftlicher und wilder poppen kann. Andererseits sagt man einfältigeren Leuten nach, sie legten weniger Ideenreichtum und Fantasie an den Tag. Hebt Leidenschaft Dämlichkeit auf? Kann Intelligenz mangelnde Hingabe kompensieren?
Ich beschließe, wenn ich das nächste Mal einem Seestern begegne, werde ich ihn fragen.
In der dritten Runde des Sex-Quiz geht es dann um »Boulevard-Themen« und dann sind wir als Gruppe wieder eine Einheit und beantworten die meisten Fragen einstimmig. Trotzdem sind wir nur mittelmäßig. Die Gruppe meiner Frau hat ziemlich eindeutig gewonnen und das feiern sie ausgiebig. Der in Alkohol ertränkte Gewichtsverlust mei-

nes Gehirns macht meinem Gleichgewichtssystem schwer zu schaffen und auf dem Heimweg pinkle ich mir auf die Schuhe.

Wenn wir das nächste Mal das Nachbarschaftsquiz ausrichten, dann wird das Thema »Seltsame Geschichten aus dem Tierreich« heißen und ich beschließe, sie alle vorzuführen. Damit kenne ich mich aus. Mit Fragen wie:
»Wie viele Punkte haben Marienkäfer: 2, 5, 7, 10, 14, 16 oder 22?«, werde ich sie in die Irre führen.

Mit einer Frage zur Penislänge eines Blauwals werde ich alle Quizteilnehmerinnen ehrfürchtig verstummen lassen und mit der letzten Frage, vor der Eröffnung des Buffets, werde ich für Appetitlosigkeit sorgen:
»Mit wie viel Luftdruck in bar stoßen Pinguine ihren Kot aus? Und wie weit fliegt der Scheiß dann, wenn kein Hindernis im Weg steht?«

P. S.
Ach ja: Marienkäfer haben 2, 5, 7, 10, 14, 16 oder 22 Punkte. Der Penis eines Blauwals misst stolze 2,5 m und der Pinguin scheißt mit einem Luftdruck von etwa 2,5 bar, was dem eines durchschnittlichen Autoreifens entspricht, was wiederum bedeutet, dass seine Kacke bis zu einem Meter weit fliegt – allerdings sind Pinguine ausgesprochene Rudeltiere, die gerne dicht beieinander stehen (wenn einem da nicht der Appetit vergeht?) ...

P. P. S.
Ach ja: 12 Sekunden! Für alle, denen es geht wie dem Keine-Ahnung-Peter! Und übrigens, die erste Beschreibung eines weiblichen Orgasmus stammt von der Nonne Hildegard von Bingen. Da sage doch einer, bei der get-shorties-Lesebühne lerne man nichts!

Endlich Ruhe
Marcus Sauermann

Ursprünglich hatte ich geglaubt, ich litte nur unter unruhigen Beinen, bis mein Arzt RestlessLegs diagnostizierte, genauer gesagt das Restless-Legs-Syndrom, eine neurologische Erkrankung, bei der die Betroffenen gerade während ihrer Ruhephasen das Gefühl eines sich steigernden Kribbelns in den Beinen haben, das zu dem unwiderstehlichen Drang führt, sich zu bewegen, die Muskeln anzuspannen oder zu dehnen. Sie kennen das bestimmt. Mein Arzt fragte mich, ob ich einen Zusammenhang herstellen könne zum vorherigen Konsum von Alkohol, Glutamat oder Kaffee. Nein, könne ich nicht, antwortete ich wahrheitsgemäß. Ob ich mir da sicher sei, wollte er wissen. Nein, das sei ich nicht, antwortete ich abermals wahrheitsgemäß.
Da helfe dann nur eins, fuhr er fort: »Sie müssen eine Art Tagebuch führen, in dem Sie alles vermerken, was Ihnen über den Tag passiert, was Sie zu sich nehmen, ob und wie stark Sie sich bewegen, wie hoch Ihr Puls steigt oder sinkt, und immer auch nachspüren, was das mit Ihnen und Ihrem Beingefühl macht.«
Und so tat ich, wie mir geheißen. Hier ein Auszug:
6.30 Uhr: Aufgestanden, behutsam.
6.31 Uhr: Angezogen, mittelschnell. Dann Treppe hinunter gestiegen, zügig, aber nicht gehetzt.
6.32 Uhr: Kaffee gekocht, mittelstark.
6.37 Uhr: Kaffee eingeschenkt und mit Milch (3,5 % Fettanteil) verrührt.
6.38 Uhr: Kaffee gepustet, hingesetzt, bequeme Haltung eingenommen, Beine ausgestreckt, nachgespürt: alles ruhig. Puls gemessen: 52 Schläge in der Minute.
6.39 Uhr: Ersten Schluck genommen. Kribbeln im Schläfenbereich bemerkt, vielleicht nur vom Pusten, Besprechung mit Hausarzt vorgemerkt. Weiteren Schluck

genommen. Nachgespürt: Gefühlt, wie die Wärme im Magen ankommt. Nicht unangenehm ...
(Anm. der Red.: Zur Einsparung von Druckkosten und aus Rücksicht auf die Geduld des Lesers haben wir die nächsten zwei Dutzend Seiten, eine langatmige, sprachlich schwache und zudem in ihrer Detailliertheit äußerst unappetitliche Beschreibung des Frühstücks und der Morgentoilette, gekürzt, bis plötzlich ...)
8.34 Uhr: Anstieg des Pulses auf 78 Schläge pro Minute. Der Streit mit meiner Freundin scheint mich mehr aufzuregen, als ich dachte. Kein Wunder. Ihr Vorwurf, ich sei egozentrisch und würde mich um nichts im Haushalt kümmern, ist argumentativ recht stichhaltig ausgeführt und nur unter totaler Unsachlichwerdung noch in ein Patt zu verwandeln. Ein Nachspüren ergibt eine innere Angespanntheit, was für meine bislang angenehm ruhigen Beine sicherlich nicht zuträglich ist. Ich kürze den Streit also ab und mache Schluss.
8.38 Uhr: Ausgezeichnete Idee, mich vorübergehend im Keller zu verstecken, bis der erste Tobsuchtsanfall meiner Ex-Freundin vorüber ist. Ihr Geschrei und das Klirren von Geschirr verhallen hier unten angenehm dumpf und verlieren bald an Kraft. Habe inmitten all der Kisten meinen alten Walkman gefunden mit einer Mix-Kassette, die mir damals ein Kumpel aufgenommen hat. Zu meiner Überraschung funktioniert er sogar noch und leiert nur ein bisschen, was den Neue-Deutsche-Welle-Hits auf der Kassette kaum einen Abbruch tut. »Der Goldene Reiter«, »Ein Tretboot in Seenot« und »Skandal im Sperrbezirk« versetzen mich zurück in meine Jugend ... Alles damals war irgendwie aufregender: die Partys, die Kumpels, die Klamotten, die Nächte, die Mädels – alles. Und die Beine waren ruhig. Nun ist alles um mich herum ruhig und meine Beine machen nachts Party. Vielleicht ist Aufregung auch der Schlüssel bei RestlessLegs, denke ich so und bin

deswegen fast ein bisschen dankbar, als plötzlich meine verheulte Ex-Freundin die Kellertür aufreißt und mich wutentbrannt anschreit, was für eine feige Ratte ich sei, mich einfach in den Keller zu verdrücken. Ich sage, dass ich meine Sachen packen würde, da ich heute noch zu meinem alten Kumpel Mike ziehen würde.

»Mike?«, fragt meine Ex-Freundin argwöhnisch nach, »mit dem hast du doch schon Jahrzehnte nichts mehr zu tun?!« »Ha«, lache ich verächtlich, »ich habe gerade eben erst eine Mix-Kassette von ihm gehört!«

12.42 Uhr: Die Anstrengung des Autovollladens und das Geheul der Kinder, nachdem sie von der Schule gekommen sind und die (vielleicht von mir etwas unsensibel bekannt gegebene) Trennung ihrer Eltern zu einem traumatischen Erlebnis hochgespielt haben, fordern ihren Tribut. Mein Puls ist bei 95. Ich muss unbedingt die Mix-Kassette von Mike im Auto hören, während ich zu ihm fahre. Das wird mich und meine Beine hoffentlich beruhigen. Eigentlich sind so lange Autofahrten erfahrungsgemäß gar nicht so gut bei RestlessLegs. Ich frage meine Ex-Freundin, ob sie mich fährt, aber die kreist mit ihren Gedanken nur um sich und ihre verletzten Gefühle.

14.31 Uhr: Unter Mikes alter Telefonnummer habe ich unterwegs nur seine Eltern erreicht, die mir aber seine jetzige Adresse verraten haben.

Hab' kurz überlegt, ihn vorher anzurufen und mich anzukündigen, mich dann aber dagegen entschieden. Mike war immer schon ein Typ für Überraschungen, genau wie mein Puls. Der ist bei 84. Werde meine Wiedersehensfreude ein wenig dämpfen müssen durch Erinnerung an das, was ich an Mike immer schon gehasst habe.

15.54 Uhr: Ankunft. Trotz der langen Fahrt keinerlei Kribbeln in den Beinen, aber Puls bei 93. Die negativen Erinnerungen an Mike haben mich wider Erwarten schwer erzürnt.

Er kann froh sein, nicht da zu sein. Habe nur seine jetzige Freundin angetroffen, die mir sagt, dass Mike noch auf der Arbeit sei.
Sie bittet mich aber herein, als ich ihr erkläre, ein alter Kumpel von ihm zu sein und dass er sich bestimmt über meinen Besuch nach all der Zeit freuen werde.
Bei koffeinfreiem Kaffee (mit 3,5%iger Milch) fragt sie mich, wie Mike früher so gewesen sei, wozu mir – mit der nur langsam abklingenden Wut im Bauch – nur recht diskreditierende Details aus seiner Vergangenheit einfallen, die sie daraufhin um mit diskreditierende Details aus der Gegenwart ergänzt. Das Ganze runde ich ab, indem ich ihr die Mix-Kassette von Mike vorspiele, die – da muss ich ihr Recht geben – wirklich Mikes abgrundtief schlechten Musikgeschmack beweist. Sehr bald stoppt sie dieses zweifelhafte Vergnügen, legt etwas Geschmackvolleres, Ruhigeres auf, was meinem Puls gut tut, der auf 74 fällt. Ich erzähle ihr von meinen RestlessLegs, woraufhin sie auch glaubt, unter den gleichen Symptomen in den Beinen zu leiden, die ich ihr anschließend massiere, ohne genau zu wissen, ob das medizinisch eigentlich zuträglich ist. Mein Puls erreicht eine kurze Spitze bei 104, während ich mit ihr schlafe, fällt aber sehr bald wieder auf angenehme 71 ab, hat noch einmal einen Anstieg beim plötzlichen Auftauchen von Mike, beruhigt sich jedoch sehr bald, nachdem ich mich unbemerkt über die Hintertür ins Auto retten kann, auf unbedenkliche 67.
18.22 Uhr: Kurze Pause an einer Raststätte, nachdem sich ein Kribbeln in den Beinen angekündigt hat. Einnahme einer leichten Mahlzeit mit Johannisbeerschorle, danach Vertreten der Beine, Anruf bei meiner Ex-Freundin, glaubhafte Reuevorspielung, Ankündigung des Wiedereinzugs. Puls bei 81. Leichtes Kribbeln im Arm, könnte aber vom längeren Hörerhalten stammen.

Nehme mir vor, in Gefühlsangelegenheiten mehr die Fassung zu wahren und bei Telefonaten in Zukunft öfter die Hand zu wechseln.

Beim Versuch, meine Gedanken ein wenig zu zerstreuen, schaue ich hinter dem Rastplatz dem Spiel einer Katze, die einen Vogel erwischt hat, zu. Immer wieder lässt sie ihn los, um – sobald er versucht zu flüchten – sofort wieder auf ihn draufzuspringen. Ich frage mich (ganz im Sinn der Biotik), was man von einer solchen Katze lernen könne. Dranzubleiben? Der Vogel flattert mir vor die Füße. Ich nehme ihn schnell hoch. Die Katze schaut mich mit großen Augen an. Sie hat Angst vor mir. Ich zögere, dann mache ich einen erneuten Einwurf ins Spiel. Hui, wie freut sich da wieder die Katze. Genug der Zerstreuung. Das hat gutgetan. Puls runter auf 70.

20.12 Uhr: Wiedereinzug. Das Treppehochtragen meiner Sachen tut mir nicht gut. Puls bei bedenklichen 92. Beauftrage die ohnehin schon verstört wirkenden Kinder mit dem Ausladen meines Wagens, während ich ein ausgewogenes Abendbrot mit Wurst und Käseschnitten zu mir nehme.

22.05 Uhr: Nach einer warmen Dusche mit anschließendem Kalt-Abbrausen der Beine lege ich mich ins Bett. Meine Wiederfreundin beginnt ein Vorspiel, das ich mit einem Vorspiel erwidere, nämlich das des Schon-eingeschlafen-Seins. Unauffällige Pulsmessung: 53 Schläge in der Minute. Beine kribbeln nicht. Überlege noch ein wenig, was ich aus diesem – therapeutisch offenbar erfolgreichen Tag – in Zukunft übernehmen werde und falle darüber in einen ruhigen Schlaf.

ZWISCHEN DEN OHREN
NICOLAI KÖPPEL

8 Uhr – Meine Frisur sitzt, ich bin frisch rasiert und im Radio läuft eins meiner Lieblingslieder. Hey, denke ich, danke, liebes Radio! Das erste Lied, das man morgens hört, setzt sich ja oft im Kopf fest und begleitet einen den ganzen Tag! Super!

8 Uhr 3 – Fertig mit Zähneputzen. Schalte das Radio wieder ab, weil jetzt so ein blöder alter Schlager kommt. Ey, so was brauch' ich echt nicht. Zum Glück gibt's den Ausknopf.

8 Uhr 16 – Nach einem nahrhaften Frühstück auf dem Weg die Treppe runter werde ich doch langsam nervös. Schließlich muss ich heute meinen Projektentwurf der ganzen Agentur vorstellen. Insbesondere mein Chef Dr. Vogt war in der Vergangenheit immer eher nicht so überzeugt. Immer so bierernst der Typ, hab' den noch nie lachen sehen. Aber heute spielt das keine Rolle, ich werd' sie überzeugen und auch Doktor Vogt! Jetzt fahr' ich mit dem Bus zur Arbeit, nanana, das wird für uns alle ein Fest! Doktor Vogt und ich, wir zwei ... ich find' mich super und er pflichtet mir bei! Hossa! Ho...ssa! Ho...

8 Uhr 17 – Moment mal.

8 Uhr 18 – Ein entsetzliches Lied hat sich in meinem Gehörgang breitgemacht, ja geradezu eingefräst hat es sich. »Fiesta Mexicana« oder so. Ich scheine es zu kennen, denn es geht mir nicht mehr aus dem Kopf. Jedes Mal, wenn ich überprüfe, ob es immer noch da ist, ist es immer noch da. *Fiesta, Fiesta Mexicana, heut' geb' ich für alle zum Abschied ein Fest.* Scheiße, es darf einfach nicht wahr sein, ich muss mich zusamm'nehm, sonst pfeif' ich noch mit! So'n Drecksliiieed! Und ausgerechnet heut' kommt das im Raadio und setzt sich fest! Dabei haab ich's ganz schnell ausgemacht! Ich muss mich heut' tierisch konzentrie-

ren, sonst hat Doktor Vogt mich am Sack! Und-das-wär-schlecht-wie-spät-ist-es ...
8 Uhr 19 – Durchatmen. Ganz ruhig. Problem erkennen, Problem verstandesmäßig angehen. Problem lösen. Im Kopf hängen bleiben Dinge, die nicht abgeschlossen sind. Mir fehlen also vielleicht nur ein paar Fakten. Punkt eins: Von wem ist das Lied, wer singt das? Weiß ich nicht. Gut. Da hab ich vorhin wohl das Radio zu früh ausgemacht. Ha, ha. Ironie. Da kommt mein Bus. Die Liinie fünf, ja, da steig ich ein ... wie jeden Moorgen um ganz genau ...
8 Uhr 20 – Ich bin auch blöd. Wozu hab ich ein multifunktionales Taschentelefon? Ich google »Fiesta Mexicana« und weiß binnen Sekunden: »Fiesta Mexicana, ein Schlager aus dem Jahr 1972, Musik: Ralph Siegel, Text: Michael Holm, gesungen von Ludwig Franz Hirtreiter, besser bekannt unter seinem Künstlernamen ...«. Na? Richtig: Rex Gildo. Auch schon tot. Das klappt ja toll mit den Fakten, die lenken gut ab. Woran ist er gestorben? Ein Fenster wurde ihm vor 13 Jahren zum Verhängnis, denn es war offen! Offen! Offen! Scheiße! Warum er runterfiel weiß keiner, *doch es gibt viel Tequila, der glücklich sein lässt.* Viel was? Tequila? Lässt glücklich sein? Seltsamer Text, der Text von Fiesta Mexicana. Steht auch im Netz, les' ich mir durch. Man muss seine Feinde kennen, um sie zu bekämpfen. Hoffentlich sieht mir keiner über die Schulter. Ist ja peinlich irgendwie. Okay. Scroll-scroll-scroll ... Hossa-hossa-hossa-hossa, fiesta-fiesta-mexicana-heut blablablablablablabla, jajajaja, okay, hier an der Stelle hab' ich das Radio ausgedreht. Refrain jetzt: Adiiiio, adio, Mexikooo, ich komme wieeeedääh zu dir zurüüüüück. So ist das also, jaja, mit der Sehnsucht nach der unbekannten Ferne konnte man so um meine Geburt rum noch Leute locken. Ganz billige Nummer, diese Nummer, ekelhaft. Das Lied muss raus aus meinem Hirn, ich kann unmöglich riskieren, dass ich beim Vortrag vor Dr. Vogt plötzlich anfange

zu singen, der macht mich fertig. Adiio, adio, Dr. Vogt, ich muss zurückgeh'n zum Arbeitsamt … wir seh'n uns niemals mehr wieder, das Liederl in meinem Kopf ist schuld.

8 Uhr 25 – Ich hab vor lauter Fiestatextlesen im Bus meine Haltestelle verpasst und komm' jetzt höchstwahrscheinlich zu spät zur Präsentation. Scheiße! Geht's-noch! Neindas! Geht-nicht! Ich steh' hier irg'ndwo in der Pampa, weil man bei der Samba die Sorgen schnell vergisst! Ich kann den Text inzwischen auswendig. Meine Feinde kennen, haha, meine Feinde haben mittlerweile aus meiner Großhirnrinde eine Art Fankurve gemacht und spannen Wäscheleine zwischen meinen Synapsen und hängen ihre Rex-Gildo-T-Shirts zum Trocknen auf.
8 Uhr 35 – Ich bin in Gegenrichtung umgestiegen und rechne. Elf Minuten Fahrzeit, acht Minuten Sprint, in den neunten Stock, Rechner aufbauen und hochfahren, das wird knapp bis Punkt neun Uhr. Muss mich mit positiven Gedanken aufladen. Konstruktive Überlegung: Ist das Lied vielleicht eine Nachricht meines Unterbewusstseins? Soll ich meinen Entwurf einfach mit der selbstbewussten Fröhlichkeit eines Rex Gildo moderieren? Frühsiebziger-Jahre-Fortschrittsglaube? So, dass Dr. Vogt und ich, wir zwei singen, ja, wir sind dabei-ei-ei… na, ich weiß nicht.
8 Uhr 42 – Ich glaube, ich fliehe unterbewusst vor der seikolotschickelpräscher einer tschällentschät se wörkplees in die heimeligen, muttersprachlichen Krakenarme des deutschen Schlagers! Wenn diese Einsicht in meine tiefenpsychologischen Problemstrukturen korrekt ist, hat sie nur einen wesentlichen Nachteil: es bringt mir absolut nichts, das zu wissen. Während ich also äußerlich im Dauerlauf von der Bushaltestelle zur Agentur trabe, habe ich mich innerlich im Kampf mit dem Kraken zu einem entschlossenen Vorhaben durchgerungen: ich vertreibe das vermaledeite Lied einfach aus meinem Kopf. Hier.

Sofort. Ich zerschieße Fiesta Mexicana dauerfeuermäßig mit einem anderen Popsong und dann noch einem und noch einem, ich dudle Rex Gildo und seine fucking Fiesta einfach kaputt, ich schlage den Schlager mit seinen eigenen dumpfen Waffen zu Klump. Alles klar? Der Popsong meiner Wahl steht im Gehirn bereit, und ich starte den Rrrexorzismus, indem ich die Muttergottes anrufe, denn all of nature wild and free, this is where I long to be, la Isla Bonita … Na? Das klappt ja ganz gut. Also weiter: I want to be where the sun warms the sky, when it's time for fiesta, Mexicana … Also gut. Ich geb's auf. Ich bin am Arsch.

Viertel nach neun – Dr. Vogt hat angerufen, er kommt später. Ich fahre in aller Ruhe den Rechner hoch, öffne die PowerPoint-Präsentation und hole mir einen Kaffee. Ich habe längst aufgegeben: Rex Gildo beherrscht meine inneren Hundert-Watt-Boxen mit Fiesta-Fiesta-Mexicana und der Macht eines aztekischen Stammeshäuptlings. Der Kaffee und meine flatternden Nerven zwingen mich auf die Toilette. Oder kriegt man von Fiesta MexicanaMontezumas Rache? Das könnte allerdings bedeuten, dass Rex Gildo aus diesem bewussten Fenster damals nicht wirklich gesprungen ist … auch wenn es nicht völlig falsch wäre, dennoch von einem inneren Antrieb zu reden. Ich sitze gebeugt, das Kinn vor den Knien auf der Schüssel und summe das Lied vor mich hin, um mich zu beruhigen. Komischerweise klappt das und ich kriege gar nicht mit, wie sich jemand in die Kabine neben mir setzt. Oder mein Unterbewusstsein registriert es vielleicht, erzählt es mir aber nicht. Das Scheißviech hat mir ja auch nicht gesagt: »Super Lied, Chef, das merk' ich mir jetzt den ganzen Tag, okay?« Mmmm-hm, m-hmmmm-hm, m-hmmmm-hm-hmmm-hm-hmmm-hmm … und plötzlich sagt jemand auf diese meine extrem schlechte Rex-Gildo-Imitation mit der Stimme eines Eins-A-Dr.-Vogt-Imitators in der Kabine neben mir laut und deutlich »Hossa!« und dann nochmal »Hossa!«, spült dann und wäscht sich die Hände, sagt ein drittes Mal »Hossa!« und beginnt dann, vor sich hin zu pfeifen, die Melodie von »Ein bisschen Spaß muss sein«. Ich stutze. Da verwechselt jemand zwei Lieder. Ich hätte diesen Typen hier gerade um ein Haar mit »Fiesta Mexicana« infiziert, und was macht sein Hirn daraus? Genau. Das sind eben Gewinnertypen. Aber sind wir etwa auf dem Klo nicht alle gleich? Und hören wir nicht alle dasselbe, von Verstopfung und Alterstaubheit mal abgesehen? Und habe ich nicht die ganze letzte Woche mit dieser Scheiß-PowerPoint-Präsentation verbracht? Läuft das blöde Teil nicht quasi von selbst? Bin ich nicht nur Erfüllungsgehilfe, Knöpfchendrücker, Stichwortgeber? Musik: Ralph Siegel? Können diese Leute mir nicht auch ein bisschen Frieden geben? Haben sie das nicht schon vor vielen Jahren getan? Ich google es. Stimmt. 1982. Nicole, Grand Prix. Also. Räusper. Hossa.

9 Uhr 33 – Die Präsentation läuft supi. Ich bin beschwingt, meine Sprache hat Rhythmus, meine Moves sind von einer geradezu sonnengebräunten Eleganz, als hätte ich einen weißen Anzug an. Es läuft gut. Einzig Dr. Vogt ist unkonzentriert. Er wirkt, als überlege er an irgendetwas herum, als denke er nach, versuche sich an etwas zu erinnern, als sei er ganz woanders eigentlich. Er wippt mit den Füßen und schaut aus dem Fenster. Ich schaffe es, in meinen Vortrag spontan die Zeile »Da sind nur gute Zutaten drin« einzubauen, da schreckt er kurz hoch. Später winkt er meinen Entwurf für den Neubau der Ferdinand-Frankl-Siedlung wie nebenbei durch. Der Auftrag ist mir sicher. Zur Feier des Tages stifte ich eine Flasche Sekt und biete Dr. Vogt auch ein Gläschen an. Als er sich ziert, flüstere ich ihm zu »Na kommen Sie – ein bisschen Spaß muss sein!«

Im Lauf des Vormittags wird mir eine Extraprämie zugesprochen und Dr. Vogt bietet mir höchstpersönlich die Teilhaberschaft an der Agentur an, wozu mir die zufällig anwesende und nicht ganz hässliche, aber doch ziemlich hässliche Tochter von Dr. Vogt besonders herzlich gratuliert. Und weil sie absolut nicht lockerlässt und Dr. Vogt mir auffordernd zuzwinkert, führe ich sie später zum Mittagessen aus, höre mir einen Nachmittag lang ihre grässlich öde Lebensgeschichte an und verbringe schließlich eine zwar nicht heiße, aber doch immerhin handwarme Nacht mit ihr im Holiday Inn. Als sie endlich schläft, versuche ich mich an der Hotelbar zu betrinken, und aus der Musikanlage läuft erst »Tanze Samba mit mir« und dann »Schöne Maid« und dann noch was, und ich erinnere mich daran, dass ich heute morgen dachte, schlimmer kann es nun wirklich nicht mehr werden. Und ich hatte recht. Es war nur heute Morgen noch nicht fertig. Ich traf sie im Büro und ihren Vater auf dem Klo - Aniiita!!

DIE EINLADUNG
HEIKO REIMANN

Meine Tochter Alma besucht seit September die Klasse 1a der Albert-Einstein-Schule. Ein großer Schritt für sie, ein noch größerer Schritt für meine Frau und mich. Ab der fünften wird sie ins Michelberggymnasium gehen, wenn sie nach mir kommt. Bislang hält sie sich an die Mädchen, die sie vom Kindergarten her kennt, um für die Nachmittage etwas auszumachen. »Aber erst die Hausaufgaben«, sage ich in pädagogisch wertvollem, partnerschaftlichem Tonfall und behalte die Sonst-gibt-es-heute-Abend-keinen-Sandmann-Drohung im Hinterkopf. Oder keine Süßigkeiten.

Heute stürmt sie mit einem bunten Kuvert zu mir ans Sofa, wo ich mein tägliches Nickerchen bis mindestens zwei Uhr abhalte, und kitzelt mich mit einer Ecke unter der Nase. »Schau mal, Papa, ich bin zum Geburtstag eingeladen!«, freut sie sich. Ihrer Freude entnehme ich, dass sie bereit ist, sich auf das noch fremde Kind einzulassen. Das freut auch den Papa, und wenn sich zwei Zentner freuen, dann ist das doch was.

»Von wem?« Ich denke an Lotta, die finde ich niedlich. Oder vielleicht Mona, deren Mutter finde ich, na ja, niedlich. Jana macht auch einen netten Eindruck oder natürlich Pia. Mal sehen, von wem die Einladung stammt.

»Von der Dilek.« Dilek. A-ha.

»Die aus der 1b?«, frage ich.

»M-hm!«

Ich weiß, welches Mädchen das ist. Die Kinder haben sich noch nie gegenseitig besucht, obwohl Dilek nur ein paar Häuser weiter wohnt. Das verstehe ich total gut, denn ich war seinerzeit in der 1c, und es unterlag einem unausgesprochenen Ehrenkodex, dass man sich einfach nicht mit denen aus den anderen Klassen abgab. Eher aß man einen Regenwurm für fünfzig Pfennige, die eine ganze Meute von Kindern, allesamt selbstverständlich aus der 1c, aus den Taschen kratzte. Ich war immer ganz gut bei Kasse, aber das nur am Rande. Ich aß ja auch Popel – für zwei Mark die Popel der ganzen 1c.

»Dilek ...«, sinniere ich und ziehe den Brief aus dem Kuvert. Er riecht ganz normal. Ich falte ihn auf. Mit Dileks Mutter habe ich mich schon gelegentlich unterhalten auf dem Weg zur Schule. Sie spricht besser Deutsch als ich – ich kann nur Schwäbisch und somit alles außer Hochdeutsch. Dilek wächst zweisprachig auf, von Anfang an Türkisch und Deutsch, hat mir die Mutter erzählt. In einer Anzeige des Landes Baden-Württemberg mit der Überschrift »Integration steckt bei uns schon in den Kin-

derschuhen« stand der einleitende Satz: »Was Hänschen nicht lernt, lernt Hans nimmermehr – das Gleiche gilt auch für Hassanchen.« Auch darüber haben wir uns völlig ergebnisoffen unterhalten, dann aber doch das Thema gewechselt – ähnlich wie bei den Themen Stuttgart 21, Schweinefleischdöner Hawaii oder Kopftücher. Den Witz »Woran erkennt man eine türkische Domina? Am Lederkopftuch« schenkte ich mir ganz bewusst, gewissermaßen als Beitrag zum Gelingen der Integration.
Ich lese den Brief. Uhrzeit von 15:00 bis 17:00 Uhr. Mhm, okay. Was? – Treffpunkt am Kegelzentrum? Wieso das denn? Wieso nicht zu Hause? Und ist da nicht nebenan der Türkische Kulturverein? Warum schreiben die das dann nicht einfach so in die Einladung rein, ist doch nichts dabei, wenn sie dort feiern. Da stimmt doch was nicht, denke ich – und zwinge mich, die Sache unvoreingenommen zu betrachten. Soll Alma halt was Altes anziehen, überlege ich.
»Papa, lies doch vo-hor!«
Tu ich. Ich lasse nichts weg und füge nichts hinzu. Alma strahlt.
»Papa, darf ich zu Dileks Feier?«
»Muss ich nachsehen«, sage ich, erhebe mich missmutig vom Sofa und latsche zum Kalender, der sich Familienplaner nennt. Diese Bezeichnung hat eigentlich nur das Gewächs zwischen meinen Schenkeln verdient. Kein Eintrag unter Alma – spricht also nichts dagegen. Leider. Aber da!
»Du-hu, Alma? An dem Tag habe ich Spätdienst, das musst du mit Mama bereden.« Zufrieden nickt sie und kehrt in ihr Zimmer zurück. Ich lege mich wieder hin und stelle den Wecker auf halb vier, damit ich noch eine halbe Stunde durch die Wohnung wirbeln kann, um Haushaltserledigung einigermaßen glaubhaft vortäuschen zu können. Ich wälze mich unruhig hin und her. Um drei halte ich es nicht mehr aus, hüpfe vom Sofa und eile in Almas Zimmer.

»Wer ist denn noch bei Dileks Party eingeladen?«, säusele ich.
»Also«, beginnt sie, »ich …«
»Weiß ich«, sage ich. »Und weiter?«
»Und … die … Pia … und … Henriette …« Dann kommt nichts mehr.
»Von deiner Klasse niemand?«
»M-m«, schüttelt sie den Kopf, ihre großen Augen fixieren mich dabei. »Warum willst du das wissen, Papa?«
»Äh … interessiert mich halt, wen du da so triffst.«
»Ja, die sind alle ganz nett.«
»Bestimmt!«, sage ich und steuere mein Sofa an.
Dies und das geht mir durch den Kopf. Pia und Henriette. Und Alma. Meine kleine Alma. Irgendwas habe ich übersehen, aber was nur? Halb vier rückt rasend näher. Mir liegt es sozusagen auf der Zunge. Da platzt Alma in meine Gedanken.
»Darf ich zu Opa und Oma?«
»Wenn sie da sind …«, sage ich großzügig. Hm, wo war ich stehen geblieben? Ach ja, aber da piept auch schon der Wecker, ich drücke auf die Snooze-Taste und habe noch mal vier Minuten. Und da fällt es mir auf: Alle drei – Alma, Pia und Henriette – haben lange blonde Haare. Mir läuft es eiskalt den Rücken hinunter, und als wäre es gestern gewesen, lodert die Erinnerung an unseren All-in-Urlaub an der türkischen Riviera auf, als wir um ein Haar beim Rückflug als Drogenkuriere missbraucht worden wären, mit Alma als perfekter Tarnung, einem unschuldigen kleinen Mädchen mit blonden Zöpfen. Auf blond stehen die da unten, heißt es. Na ja, ich zwar auch, aber das ist ja was ganz anderes.
Meine Frau überrascht mich beim Staubsaugen. »Hach!«, erschrecke ich, als sie mich von hinten antippt. »Fleißig, fleißig«, sagt sie und schaut sich anerkennend um, als ob ich sogar Staub gewischt und die Fenster geputzt hätte.

»Klar doch!«, sage ich. »Du sollst dich ja wohl fühlen, wenn du nach Hause kommst nach einem langen Tag voll harter Arbeit«, schleime ich. Von wegen langer Tag, harte Arbeit, ha! Und dann, beim Kaffee, lege ich ihr wortlos Dileks Einladung hin. Sie nimmt sie und liest mit zusammengekniffenen Augen – vierzig und eitel.

»Da ist doch auch das Türkische Kulturzentrum. Bestimmt feiern die da«, mutmaßt sie.

»Eben! Warum nicht zu Hause, frage ich mich.«

Meine Frau legt den Brief vor sich hin. Sie runzelt, tief in Gedanken versunken, die Stirn. Die Stirn ist noch ganz glatt.

»Hm«, macht meine Frau. »Irgendwie ist mir das nicht so recht«, sagt sie.

»Mir auch nicht. Blöd eigentlich. Dileks Mutter ist echt nett, echt integriert und so«, sage ich. Trotzdem äußere ich meine Schlussfolgerung bezüglich blonder Haare.

Meine Frau schreckt hoch. »Aber das ist doch idiotisch. Außerdem steht da: Wenn du Fragen hast, einfach anrufen. Das mach ich jetzt.« Meine Frau geht zum Telefon, ein vertrauter Weg.

»Frag auch gleich, ob Dilek noch irgendwo vakante Cousins im Grundschulalter hat, die noch nicht versprochen sind«, schicke ich grinsend hinterher.

Meine Frau betätigt die Taste zum Mithören und ruft Dileks Mutter an. Ich höre jedes Wort. Ich werde blass. Treffpunkt Kegelzentrum ist richtig, ja. Und als ich Dileks Mutter durch den kleinen Lautsprecher laut und verzerrt sagen höre, dass sie das Kegelzentrum eigens für die Geburtstagsparty gemietet hätten, weil Dilek sich das so gewünscht habe, werde ich noch einen Tick blasser – vor Scham. Wie konnte ich bloß denken …? Das mit dem Drogenschmuggeln damals im Urlaub hatte sich ja auch als Windei entpuppt. »Was wünscht sich Dilek denn zum Geburtstag?«, will meine Frau noch wissen. Kurz darauf kehrt sie hinter ihre Kaffeetasse zurück. »Siehste!«, sagen ihre vorwurfsvollen Augen.

Und dann kommt der große Tag, an dem ich mein liebes Kind mit ihrem Geschenk und in ihrem Lieblingspulli vor meinem Spätdienst zum Kegelzentrum fahre, wo Dileks Mutter mit ganz roten Wangen vor Aufregung, genau wie Dilek, die Gäste in Empfang nimmt. »Viel Spaß!«, wünsche ich, empfange ein Bussi von Alma, und drin ist sie.

Was meine Frau nicht weiß: dass ich kurzfristig einen Tag Urlaub genommen habe. Dass mein Auto zu einer wilden Verfolgungsjagd bereit ums Eck steht. Und dass ich von hinter meinem Beobachtungsgebüsch auf der Isomatte, mit den Ellbogen im Schnee in Scharfschützenposition liegend und mir die Zehen abfrierend, beobachten kann, wie sie, meine Frau, zwei Stunden später eine aufgekratzte und glücklich losplappernde Alma vom Kindergeburtstag im Kegelzentrum abholt.

Was Heikochen nicht gelernt hat …

DAVID HASSELHOFF NÄHT BASEBALL-TRIKOTS
CAROLIN HAFEN

Als meine Brüder noch Jungs waren, kannten wir Baseball (zu Deutsch »Schlagball«) nur aus dem Fernsehen. Ein Stück Holz, ein Ball, den man über ein Feld schlagen muss, und drei Teppiche im Dreck, genannt Base, zu denen man laufen muss. Alles klar. Wenn der Spieler die *home plate* erreicht und den Ball nach Hause geholt hatte, bekam er tosenden Applaus. So weit reichte unser Verständnis für diesen Sport. Aber um den Sport an sich ging es gar nicht. Es war cool, es war amerikanisch, es klang gut, wenn man darüber redete. Damals, als noch kein Mensch »chillen« sagte, wenn er »faulenzen« meinte.

Die Jungs entdeckten die Sportmetapher für sich. Mein ältester Bruder Michael interessierte sich für Mädchen, mein anderer Bruder Nico für David Hasselhoff. Beide hatten dasselbe Ziel. Den Ball heimholen. Michael wollte bei einem Mädchen landen, Nico wollte den kompletten Starschnitt vom Hoff an seiner Decke über dem Bett hängen haben. Ich wollte mir meine wöchentlichen zwei Mark Taschengeld verdienen. Mein Vater bezahlte mich nämlich, pro Bruder, mit einer Mark, wenn ich meine Brüder erfolgreich und regelmäßig nervte und meinen Vater so auf dem Laufenden hielt, was die beiden so trieben. Das war ein verdammt harter Job, so als professionelle Petze.
Es dauerte fast eine Woche, bis ich heraus gefunden hatte, was Base 1 bis 4 zu bedeuten hatten, und wie die Jungs sich diskret darüber informierten, wer an welcher Base stand.
Zum Verständnis:
An Base 1 wurde geküsst.
An Base 2 wurden Titten angefasst.
An Base 3 wurde im Schlübber gefummelt.
Die Base 4, also die Home Plate zu erreichen bedeutete: Treffer. Home Run. Applaus. Is' klar, nä?

Mein mittlerer Bruder heißt eigentlich Nico, aber als Fan vom legendären Hoff nannte er sich selbst Nick Rider. Außer ihm tat das sonst keiner. Er redete mit seiner Uhr und sprang in der Schule gern auch mal von der Hofmauer, um seinen besten Freund zu verprügeln. Wirklich bedenklich wurde es erst, als er wöchentlich einen Schnipsel Hoff aus der Bravo ausschnitt und sich diesen an die Decke über seinem Bett klebte. Irgendwann entdeckte ich in seinem geheimen Schubfach seiner Kommode, zwischen den Socken und einer eisernen Reserve Schokolade, eine Schallplatte von David Hasselhoff.
Muss ich jetzt erklären, was eine Schallplatte ist? Ist das jedem klar?

Jedenfalls. Ich dachte mir: »Oh«, dachte ich mir, »das merk' ich mir. Man weiß nie, wofür man so eine Information brauchen kann!« Wenn die Platte im Geheimfach liegt, hat er die selbst bezahlt. Wenn die im Geheimfach liegt, hört er die nur, wenn keiner zuhause ist.

Was haben diese beiden Dinge miteinander zu tun? Das Nähkästchen meiner Mutter.

Sie hatte ein kitschiges Weidenkörbchen mit Stoff ausgelegt, darin verwahrte sie ihre Stricknadeln, das Nähzeug und allerhand Krimskrams, unter anderem die gute Schere.

Ich weiß nicht, wie es bei euch zugeht. In unserem Haushalt gibt es nur eine gute Schere: in Muttis Körbchen. Dieses Körbchen haben sich meine Brüder, sagen wir: ausgeliehen.

Nico schnappte sich die gute Schere, um seine Bravo zu malträtieren. Michael versuchte zu nähen. In der sechsten Klasse hatte er es in der Schule gelernt und das wenige, woran er sich noch erinnerte, tat er verschiedenen T-Shirts an. Es dauerte wieder einige Tage, bis ich erlauscht hatte, was der Blödsinn soll. Meine Brüder warfen mich erst aus dem Zimmer, dann schlossen sie sogar ab und flüsterten nur noch. Ich musste also auch in der Schule zum Lauschangriff übergehen und diverse Telefongespräche mithören. Schließlich hatte ich einen Job zu erledigen. Ich brauchte das Geld.

Die Jungs der Klasse 8b hatten einen Pakt geschlossen und sich einen Plan ausgedacht, wie sie sich mitteilen konnten, wer an welcher Base stand. Wir reden hier von einer Zeit, als noch kein Schüler ein Handy besaß. Wir hatten ja nichts, damals! Als man sich noch Kurzmitteilungen, also SMS, auf Papier zuwarf. Das konnte der Lehrer aber mitkriegen und verlangen, dass man das Geschriebene vor der Klasse vorlas.

Sie ahnen es, oder?

Sie nähten sich Zahlen aufs T-Shirt. Klein, aber fein, auf Höhe der haarlosen Hühnerbrust.
Meine Mutter war verwirrt. Ein nähender Sohn. Und ein Hoff-Fanatiker. Nicht Pamela Anderson starrte auf meine Mutter herab, wenn sie die Betten machte, nein, David Hasselhoff. Sie fing an, sonntags wieder zur Kirche zu gehen.
Es war ein Donnerstag. Das tut nichts zur Sache, aber ich möchte es einfach erwähnt haben.
Michael ging mit einer 3 auf dem T-Shirt zur Schule.
Nico erzählte seinem besten Freund am Telefon, dass meine Qualitäten als Spion und Petze nachlassen würden, er hätte inzwischen mehrere Geheimnisse, die er erfolgreich vor mir verborgen hielt.
Als Antwort darauf holte ich die Schallplatte aus dem Geheimfach, setzte mich im Wohnzimmer auf den Boden und malte die Rillen mit einem Bleistift an.
Nicos Platte hat damals 30 Mark gekostet. Heute ist er froh, dass ich ihn von seinem Hoff-Wahn befreit habe, denn jetzt muss er sich nämlich offiziell dafür schämen, aber damals war er todunglücklich wegen der zerstörten Platte, wegen seines Taschengelds und wegen des emotionalen Schmerzes, den ich ihm zugefügt hatte. Erst heulte er, dann verprügelte er mich, dann heulte ich.

Aber eins nach dem anderen.
Ich war, ironischerweise, mit der Plattenmalerei bei Lied Nummer 3 angelangt, als Michael heimkam.
Er hatte einen offensichtlich mit Edding gezeichneten Penis im Gesicht. Die 3 auf seinem T-Shirt war abgerissen, ein großes Loch entblößte seine haarlose Brust. Seine Freundin war mit seiner Base wohl nicht einverstanden gewesen. Er war wieder Single.
Dann bezog ich Prügel von Nico, weil er sah, was ich mit seiner Platte angestellt hatte, und dann stand mein Vater

im Wohnzimmer und wir mussten uns alle drei an den Abendbrottisch setzen.
Wir aßen mit gesenkten Blicken. Mein Vater sagte nichts. Ein Penis im Gesicht seines Sohnes beunruhigte ihn nicht. Er aß ein Brot und noch eins, er aß Wurstsalat und Gurken.
»Liebchen«, sagte mein Vater endlich, »Liebchen, wasch dem Bub doch mal sei G'sicht.«
Damit endete die Hasselhoff-Näh-Phase meiner Brüder. Nach David Hasselhoff konnte man im Anschluss Pamela Anderson aus der Bravo ausschnippeln. Allein für ihre Oberweite waren drei Ausgaben nötig. Meine Brüder diskutierten in der Zeit oft darüber, ob Größe nun zählt oder nicht, und meine Mutter war zunächst beruhigt. Als sie in der Garage, beim Putzen, hinter den Winterreifen einen Starschnitt von Pam, aufgeklebt auf einen Pappkarton, entdeckte, handelte ich ganze drei Mark heraus und verpetzte meinen Vater, ohne mit der Wimper zu zucken. David Hasselhoff sah ich erst Jahre später wieder, auf YouTube. Seine Tochter ist auch eine Petze. Sie hat ihn gefilmt, beim Hamburgerkotzen. Wie viel Geld sie wohl dafür gekriegt hat?

WAS BISHER GESCHAH
VOLKER SCHWARZ

Am 1. Juni 1972 wurden die RAF-Terroristen Andreas Baader, Holger Meins und Jan-Carl Raspe nach einer Schießerei in einer Garage in Frankfurt am Main verhaftet. Noch im selben Monat fasste und sperrte man auch Gudrun Ensslin und Ulrike Meinhof ein. Und im September erwischte es schließlich mich: ich wurde eingeschult. Gleich am ersten Wandertag unserer Grundschulklasse 1b weigerte sich Ingrid, ein gleichaltriges Nachbarmädchen mit sehr schönen Kniekehlen, mich weiterhin sicher und geborgen an der Hand zu nehmen, so wie wir es im Kindergarten beim Gehen immer gemacht hatten. Vielmehr sagte sie mir in grob abweisendem Ton: Schüler tun das nicht mehr! Der eiskalte Atem des Lebens hatte mich erstmals gestreift.

Ich konnte damals nicht wissen, dass Ingrid nichts dafür konnte. In ihr war eine ebenso natürliche wie unbewusste Abneigung gegen mich entstanden. Eine bewertende Regung des Unterbewusstseins – man überwindet sie oder nicht und definiert damit Sympathie oder Antipathie für seinen Nächsten. Früher oder später wird jeder einmal mit Ausdünstungen, Mundgeruch oder verschwitzten Socken seines Partners konfrontiert und entscheidet sich daraufhin unbewusst für eine von zwei Möglichkeiten. Fall a: Ja, ich liebe den Geruch von Napalm am Morgen – und folglich liebe ich auch ihn bis an mein Lebensende. Oder Fall b: Noch einmal dieses Odeur eingeatmet und es ist mein Lebensende – der muss weg!

1974 standen zwei Dinge fest: Deutschland war erneut Fußballweltmeister und ich würde nie wieder sieben Jahre alt sein. Altersbedingt besaß ich noch den Horizont einer knienden Ameise und bekam folglich am Jahresende nicht mit, dass der bereits legendäre Philosoph Jean-Paul Sartre, Autor des weltberühmten Buchs »Der Ekel«, Andreas Baader im Gefängnis Stammheim zwecks Sympathiebekundung besuchte und damit einen Skandal auslöste.

In der fünften Klasse verliebte ich mich in Angelika, die solche Gefühle erwiderte, jedoch gegenüber meinem besten Freund Alex. Ich glaubte, nie wieder lieben zu können, und wollte meinem Leben ein Ende setzen, sprich: nicht mehr zur Schule gehen, doch meine Mutter erlaubte es nicht. Die inhaftierten RAF-Mitglieder waren zur selben Zeit weitaus konsequenter bezüglich einer Existenz-

Rückgängigmachung. Aber die mussten vorher auch nicht ihre Eltern fragen. Als ich kurz darauf erstmals Angelikas wulstiger Kniekehlen ansichtig wurde, zog ich angewidert Amors Pfeil aus meinem Herzen. Aus Kummer erstmals geweint habe ich dann auch wegen einer anderen Sache: vor dem Fernseher am Ende von »Winnetou III«.

Weil ich mich unsäglich in die Klarinettistin Sabrina verliebt hatte, trat ich mit 13 Jahren dem Schülerorchester bei. Als Trompeter, wohlgemerkt – das Klarinettenspiel hätte man mir garantiert als schwule Neigung ausgelegt. Leider wucherten zu dieser Zeit unzählige Eiterpickel in meinem Gesicht, als wäre die Beulenpest zurückgekehrt. Unverblümt benannte Sabrina sie als K.-o.-Kriterium für ein gemeinsames Leben. Außerdem stehe sie total auf den clearasilklaren Alex. Und so kam der Liebeskummer in die Welt – von mir in diesem Moment erfunden. Ich zelebrierte ihn durch nächtelanges Heulen. Meiner Mutter erklärte ich die verquollenen Augen am Morgen zuerst mit einer Allergie gegen das vorabendlich verabreichte Ovomaltine – danach mussten Nesquik und Kaba herhalten. Glücklicherweise entdeckte ich rechtzeitig, dass Sabrina unappetitliche Kniekehlen besaß, und hörte auf zu weinen. Auf Suchard Express Kakao hätte ich auch nur ungern verzichtet.

Ich war 14 Jahre alt, als ich an einem heißen Sommertag meinen Nachbarn Peter besuchen wollte. Dieser war nicht gerade die hellste Lampe am Kronleuchter – aber: er besaß ein Bonanza-Rad und alle Asterix-Heftchen. Ich traf dann aber nur Frau Börne, seine Mutter, sonnenbadend auf der Terrasse an. Danach war ich nie wieder derselbe. Nächtelang lag ich aufgewühlt und verwirrt in meinem Bett, stets den Anblick von Peters Mutter im Bikini auf der Sonnenliege vor Augen. Immerhin verhinderte meine körperliche Ergriffenheit, dass ich während dieses unruhigen Schlafs aus dem Bett rollen konnte. Ja, ich gestehe: Es war

Frau Börne, auf die ich den ersten Schuss abgab. Nach einigen Wochen wurde ich meiner Wachtraum-Affäre jedoch überdrüssig, als ich sie einmal beim Wäscheaufhängen beobachtete und dabei einen hässlichen Leberfleck in einer ihrer Kniekehlen entdeckte.

Mit 15 Jahren machte ich im JuZe die Bekanntschaft von Zigaretten und Bier, konnte aber hernach die gewonnenen Erkenntnisse keine drei Stunden bei mir behalten. Ebenfalls dort war es, wo meine Zunge erstmals eine andere berührte – die Ochsenzungen nicht mitgerechnet, welche es bei uns gelegentlich zum Abendessen gab. Es war der Mundlappen der schmolllippigen Manuela, deren Kussmethode sich anfühlte, als versuchte eine Anakonda meinen gesamten Kopf zu verschlingen. Die Frage von Liebe stellte sich hierbei natürlich nicht. Mit dem Knutschen bis zum Ausleiern der Rachenmuskeln betraten Manuela und ich faszinierendes Neuland – das erforderte höchste Konzentration und war eher wissenschaftlich denn emotional motiviert.

Danach verlegte ich noch etliche Quadratmeter an liebesfreien Erfahrungen. Unter anderem: Marathonknutschen mit Sabine beim Steh-Blues. Marathonknutschen mit Petra und dabei ein paarmal unter ihrem T-Shirt auf die Hupe gedrückt. Marathonknutschen mit Marion und der Vorstoß meines fünffingrigen Expeditionsteams zu ihrem dicht bewachsenen Subkontinent. Weiter in meinem Forscherdrang kam ich zu dieser Zeit jedoch nie beim weiblichen Geschlecht – zu meiner körperlichen Qual. Fürs Protokoll: die Transformierung der drei letztgenannten Mädchen zur Frau übernahm wenig später Alex. Er war natürlich noch immer mein bester Freund. Ich nahm es ihm nie krumm, dass seine femininen Akquisitionen glückten und meine nicht. Letztendlich konnte er auch gar nichts dafür – sein überdurchschnittlich gutes Aussehen war ja sozusagen ein Geburtsfehler.

In der zehnten Realschulklasse saß ich gewohnt bräsig im Unterricht, als der Lehrer plötzlich fragte, wie ein jeder von uns sich den persönlichen Werdegang vorstellte. Da war es, das Gespenst namens Maloche, und jagte mir erstmals einen Schauder über den Rücken. Bis zu diesem Zeitpunkt erschöpfte sich meine Vorstellung von Zukunft in »Eis essen mit Claudia am nächsten Samstag« – aber das machte sie dann doch mit, na, wem wohl? Nicht weiter schlimm für mich, denn auf Dauer hätte ich das knarrende Geräusch von Claudias Kniekehlen, wenn sie Treppen stieg, sowieso nicht ertragen.

Mit 18 fiel ich einmal durch die theoretische Führerscheinprüfung, weil mich der Verkehr auf Fragebögen weitaus weniger interessierte als jener mit einer gewissen Sonja. Sie war bereits 30 Jahre alt, etwas drall und auch etwas verheiratet sowie offenbar frustriert von diesen drei Fakten. Letztendlich wurde sie nur deshalb zu meiner sexuellen Ersthelferin, weil sie es zuließ. Es war mir inzwischen egal, wer, wie und wo. Hier zerrte ein jahrelang eingekerkertes Biest an seinen Ketten und verschlang dabei alle potentiellen äußerlichen Beanstandungen. Natürlich ein erbärmlicher Akt meinerseits und laut Doktor Sommer von der »Bravo« sowieso nur aus niederen Beweggründen vollzogen, da von Liebe keine Spur von hier bis zum Horizont. Wie hätte die auch innerhalb von drei Minuten aufkommen können. Ich würde es dennoch nie vergessen.

Mit 21 Jahren hatte ich alles von Stephen King gelesen sowie Stefan Austs »Baader-Meinhof-Komplex« und unter noch vielen anderen auch Sartres »Ekel«. Zu jener Zeit erfuhr ich meine Erstsozialisierung mit einem Mädchen namens Britta, von der ich mich nach fünf Jahren trennte, weil irgendwann eine Stimme in meinem Kopf begonnen hatte, mir einzuflüstern, sie pflege ihre Kniekehlen nicht sorgsam genug.

Während meines Studiums lernte ich die originelle Nadine kennen und ließ mir als sichtbares Zeichen meiner Einzigartigkeit eine Mähne wachsen – so wie alle anderen Langhaarigen auch. Über eine Heirat oder Kinder nachzudenken fanden Nadine und ich in unserem, wie wir glaubten, ach so jungen Alter spießig. Intellektuell, wie wir waren, schmähten wir das Eheleben als Angelegenheit kleiner Leute, bis wir uns innerhalb von acht Jahren darin festgefahren hatten und in letzter Konsequenz den Widerspruch in einem weiteren Zusammensein erkannten. Das war die offizielle Version. In Wirklichkeit musste ich sie verlassen, weil jener Verdacht, sie lasse sich bezüglich ihrer Kniekehlen arg gehen, in mir zu nagen begonnen hatte.

Sodann traf ich auf die sehr nette Larissa, für die ich nach sechs Jahren stressfreier Beziehung nur noch geschwisterliche Gefühle empfand – auch eine Art von Abneigung. Und seine Schwester heiratet man nun mal nicht – schon gar nicht, wenn einen ständig das Gefühl beschleicht, sie reinige ihre Kniekehlen nur leidlich.

Eines Tages fand ich plötzlich die Rolling Stones genial und stellte fest: Verdammte Scheiße, ich bin vierzig! Noch immer war ich ledig – drei meiner Freunde, darunter Alex, inzwischen durch Scheidung erledigt. Einer meiner noch liierten Freunde definierte seinerzeit den Begriff »glücklich verheiratet« neu: Meine Frau ist glücklich und ich bin verheiratet. Ich war fünf Jahre älter als mein Vorgesetzter auf der Arbeit, und noch mehr Jahre trennten mich nach unten von Menschen, die bereits Milliarden mit Internet-Programmierungen verdient hatten oder uns empfahlen, was derzeit kulturell wertvoll, trendy und hipp sei. Berufliches Aufstreben und Familienplanung: genormte Prozedur. Auf diesem zeitstehlenden Gaul wollte ich nicht in den Sonnenuntergang reiten.

Und dann passierte es doch noch. Ich lernte die Frau mit den schönsten und reinsten Kniekehlen der Welt kennen. Von heute auf morgen pfiff ich auf Sartre und seine miesepetrige Behauptung, alles sei sinnlos. Das Leben war schön, alles ergab einen Sinn. Sozialisation war dufte. Sogar ein Kind zu haben fand ich auf einmal vorstellbar. Ergo bugsierte ich eines Tages meine Auserwählte unter den Eiffelturm, wo ich auf die Knie ging, um ihr meine tiefen Emotionen hinsichtlich ihrer exorbitanten Kniekehlen in jener klassischen Form kundzutun, da man bei der Frau mit dem Vorschlag rüberkommt, die bestehende amouröse Verbindung nun auch amtlicherseits beglaubigen zu lassen – einen steuerlichen Verbesserungseffekt dabei wirklich nur sekundär einkalkulierend. Jedoch ihr Blick ... In meinen Kniekehlen sammelte sich Schweiß. Da müsse man tatsächlich einmal darüber nachdenken, sagte sie eindeutig zweideutig und ließ sich mit ihrer Antwort ein halbes Jahr Zeit – beziehungsweise zog aus. Warum sie plötzlich mit der Abrissbirne in unsere Beziehung fuhr, eröffnete sie mir noch: sie komme einfach nicht los von dem Gedanken, ich würde mir nie ordentlich meine Ellbogenspitzen reinigen.

Der Ekel der Anderen kann einen ordentlich ankotzen. Apropos, es ist historisch belegt, dass Jean-Paul Sartre, nachdem er Andreas Baader in Stammheim persönlich kennen gelernt hatte, ihn überhaupt nicht leiden konnte.

Warum ich all das erzähle? Weil ich über Facebook eine Freundschaftsanfrage von Ingrid erhalten habe. Und weil sie mir schrieb, dass sie sich noch daran erinnere, wie sehr ich damals am Wandertag geknickt war, weil sie mich plötzlich nicht mehr an die Hand nahm. Sie habe das aber nur getan, weil sie mich kurz zuvor beobachtet habe, wie ich mit eben dieser Hand in der Nase popelte. Mal sehen, ob sie noch immer so schöne Kniekehlen hat.

NACH DEM BEBEN
MARITTA SCHOLZ

Alles schwankte, der Boden des Vaporetto, aber auch wenn sie auf festem Boden lief, hatte sie das Gefühl, dass er bebte. Sie selbst bebte sowieso. Es war kalt, die Luft war feucht und die Novembersonne warf ein Glitzern auf die Wellen des Canal Grande, das so schön war, dass es schmerzte. Ihr war schwindelig und flau im Magen, ein Zustand, der sich durch unzählige Zigaretten und die Unfähigkeit zu essen noch verstärkte. Sie wusste, dass sie erst seit zwei Tagen hier war, aber ihr war jegliches Gefühl für Raum und Zeit abhandengekommen. War es Mittag, früher Abend oder Nacht, sie wusste es nicht, wenn sie sich nicht gerade darauf konzentrierte. Diese zwei Tage waren mehr als die Anzahl ihrer Stunden. Dass das ein Klischee war, wusste sie.

»Diese Stadt …!«, hatten die abgeklärten Weitgereisten gesagt und sie war von Anfang an mit jeder Faser ihres Körpers bereit gewesen, genau diese Melancholie zu spüren, auch wenn sie es nicht vermeiden konnte, die Ironie zu erkennen und den Kitsch wahrzunehmen. Alles, was Venedig an Gefühl, Schönheit, Vergänglichkeit und Todessehnsucht bereithalten würde, würde sie zulassen und mit ihren mitgebrachten Empfindungen auffüllen. Und nun war es doch passiert, sie war trotzdem überrumpelt von so viel Pathos und dachte: ja, bleiben und alles leben, bleiben und sterben, das wäre die Konsequenz, wohl wissend, dass ihr Gefühl nur Aschenbach zitierte.

Und es war auch ihr eigenes, sie wollte es so, sie war am Ende oder versuchte es abzuwenden, je nachdem. Sie wollte loslassen und Abschied nehmen, entweder von ihrer Trauer oder von ihrem Leben, das galt es herauszufinden. Gut, dass es Herbst ist, dachte sie, so kommt mir nicht zu viel ablenkende Lebensfreude anderer Reisender dazwischen. Gut, dass morgens Nebel über den Kanälen liegt, und gut, dass es kalt ist.

Es gab nur kurze Gespräche mit anderen Menschen, im Hotel, in Restaurants. Da dies ortsbedingt meistens Italiener waren, blieben Fragen nach der Familie nicht aus. Erst gestern war ihr ein Kind angedichtet worden, ein kleines Mädel mit dunklen Locken, das seine Mama suchte. »Nein, nein, das ist nicht meine Tochter«, sagte sie zu dem Kellner. Da kam dann auch schon die richtige Mama und sie und der Kellner durften eine kurze Szene beobachten, die Freude des Wiederfindens, das Schimpfen, die Umarmung, der Schmatz auf den Kopf. »Ah, che bello!«, sagte der Kellner, »ich liebe Kinder! Haben Sie welche?« Wie immer, wenn ihr diese Frage gestellt wurde, stockte ihr der Atem, die Brust wurde eng. »Nein«, sagte sie, »nein, ich habe keine Kinder.« Er, in Plauderlaune, erwiderte, dass sie das unbedingt nachholen müsse, Kinder seien das Beste, was einem passieren könne. »Ja«, sagte sie, »ja – vielleicht.« Es hatte Zeiten gegeben, in denen sie in einer solchen Situation ergänzte, dass sie welche gehabt habe, diese aber tot seien. Aber nein, dies war dem jeweiligen Gegenüber nicht zuzumuten, das war zu viel. Zumal ihre Kinder nie gelebt hatten, was einen Unterschied machte, aber keinen, der zu bewerten war.

Darüber war ihre Beziehung zerbrochen, am gemeinsamen Leiden, dem unterschiedlichen Leiden, dem Nichtzusammenkommen-und-trösten-Können. Arbeitsfähig war sie im Moment nicht, sie war schon lange krankgeschrieben und ihr Psychiater meinte, so eine Reise sei vertretbar, sie habe ja keinen Schnupfen, sondern müsse psychisch wieder auf die Beine kommen und da sei eine Reise, die ja auch immer eine Reise zu sich selbst war, vor jeder Krankenkasse und jedem Arbeitgeber vertretbar. Sie solle halt ab und an ein Lebenszeichen schicken, er verwende WhatsApp, ob man darüber kommunizieren könne? Könne man. Sie hatte allen gegenüber offen gelassen, wie lange sie bleiben würde, sich selbst auch.

So plätscherten die Tage vor sich hin, sie vergingen, nicht leicht, aber es stellte sich eine Art Routine des Kitschs und der Vergänglichkeit, des Trauerns und Leidens ein. Sie verlief sich in den Gassen und fuhr mit dem Vaporetto und den Wassertaxen und den Gondeln, fand sich wieder und dachte: »Was mache ich hier? Ich verliere mich und mein Leid und mein Leben und das davor«, und erinnerte sich, dass es doch darum ging und dass das mit ihr geschah, was sie zuließ, was sie daraus machte, es lag doch an ihr, die Stadt konnte nichts geben oder tun, sie war halt da, war Stadt, war Venedig.

Und sie dachte an die Kinder, die sie nie haben würde und wie sie hätten sein können, wären sie zum Leben gedacht gewesen, von wem auch immer, wer auch immer das entschied, und sie stellte sich vor, wie sie mit ihnen durch diese Stadt lief, wenn sie klein waren und süß und trotzig, wie sie ihnen Eis kaufte und sie auf die Gondolieri aufmerksam machte, wie sie größer waren, sie ihnen immer noch Eis kaufte, sie vielleicht immer noch trotzig waren, sie ihnen von Mann und Aschenbach erzählte und der Verfilmung von Visconti und von Mahler und sie dies vielleicht nicht hören wollten. Und es war furchtbar und fast nicht zum Aushalten, und ob es abgeschmackt und übertherapiert oder verrückt war, fragte sie sich schon lange nicht mehr und sie schrieb an ihren Therapeuten und den Psychiater, was in eine WhatsApp-Nachricht passte, sie schrieb adressatenbezogen im jeweiligen Jargon: »Ich arbeite an mir und finde mich wieder« an den Therapeuten und »Bin stabil und verhalte mich adäquat« an den Psychiater und »Viele Urlaubsgrüße aus dem wunderschönen Venedig« auf Postkarten an Familie und Bekannte.

Und sie trank auch Rotwein, um doch hin und wieder betäubt oder berauscht zu sein, wobei die Grenzen fließend waren, auch die zwischen Leiden und Abschied und Sehnsucht, und aß tagsüber immer wieder Pizza und Pasta und Eis, wozu sie sich zwang, um sich zu demonstrieren, dass sie lebte.

Und sie besah sich Dinge und Sachen, die sie überlegte zu kaufen, für die Kinder. Es fiel ihr schwer, sich zu entscheiden, weil sie ja nie wissen würde, wie sie gewesen wären und was sie gemocht hätten. So kaufte sie einen rosafarbenen Strampelanzug und eine Rassel für die Babys, glitzernde Ohrringe und ein Spielzeugauto für die Älteren und warf alles in einer verregneten und kalten Nacht in den beleuchteten Canal Grande.

Am nächsten Tag nahm sie einen Flug zurück nach Hause, da sie beschlossen hatte, nicht unterzugehen, sondern zu bleiben in dieser Welt, ohne ihre Kinder, von denen sie nun immer wusste, wo sie sie begraben hatte.

WAS GEHT
NICOLAI KÖPPEL

Ich erwache von dem Geräusch, das mein Kopf macht, als er auf der Tischplatte aufschlägt. Das Geräusch verhallt in der Küche. Ich lausche ihm hinterher, während der Schmerz nachlässt. Im ganzen Haus kein Laut. Was sagt die Uhr am Backofen? Kurz vor sieben Uhr morgens. Da schlafen entweder alle noch oder sind längst auf dem Weg zur Arbeit oder schon dort. Wahrscheinlich auch Esther. Man hört nämlich nix mehr. Die ganze Nacht lang hat Esther in der Wohnung über mir kein Ende gefunden, getrippelt, geraschelt, Stühle wurden gerückt, irgendwelche anderen Dinge auf dem Boden herumgeschoben, sie hat mit Geschirr geklappert und mysteriös vor sich hin geraschelt, nachts um zwei, drei, vier. Die Wohnung ist hellhörig. Um fünf hatte ich keine Lust mehr gehabt, mir vorzustellen, was sie denn wohl da oben trieb, und mir einen Kaffee gemacht. Während der brühte, muss ich eingeschlafen sein. Und jetzt ist Ruhe. Dass Andi das mitmacht, Esthers Freund und, ich glaube, inzwischen auch Verlobter? Ich traf ihn letzte Woche in der Kneipe gegenüber unserem Sechsfamilien-Mietshaus getroffen und er deutete so was an. Diese jungen Paare von heute ... Mitten im Referendariat (Esther studiert Grundschule) würde ich mir den Stress echt nicht geben mit Hochzeitsvorbereitungen und so. Weiß man doch. Andererseits: für manche Menschen ist Stress kein Stress, und Esther gehört vielleicht dazu, arbeitet die ganze Nacht durch und geht frühmorgens aus dem Haus. Na gut, denke ich, mach' ich das eben auch, und gehe Brötchen holen.

Eine Viertelstunde später stehe ich wieder vor dem Haus, da steht jetzt ein gar nicht mal so kleiner Kleintransporter mit laufendem Motor. Ich bleibe auf der anderen Straßenseite stehen und rauche meine Gutenmorgenzigarette an der frischen Luft fertig, als Esther aus dem Haus kommt und eine Kiste in den Kleintransporter lädt. Ich winke ihr freundlich zu, und sie bleibt starr stehen, als hätte ich sie bei was ertappt. Sie guckt sich um, ob es auch ja keiner sieht, und winkt mich dann zu sich.

»Morgen«, sage ich, »was geht?«

Sie schüttelt den Kopf. »Ich zieh aus«, sagt sie, »ich halt es nicht mehr aus!«

Jetzt merke ich, dass wir uns kaum kennen, denn ich traue mich nicht zu fragen, was mir als erstes einfällt, nämlich: »Hältst was nicht mehr aus?«

Sie unterbricht meine Gedanken und sagt: »Die Dinge sind, wie sie sind. Aber weißt du was, komm doch bitte mal mit. Ich hab keine Zeit.«

Ich komme mit, denn ich habe welche. Wer die ganze Nacht lang seinen Nachbarn beim Wohnung-einmal-

komplett-von-links-nach-rechts-Räumen zuhören kann, hat Zeit.
Die Wohnung, die Esther und Andi über mir zusammen bewohnen, habe ich nie betreten, auch jetzt nicht. Denn das hier ist keine Wohnung mehr, in der irgendjemand mit jemand anderem zusammenlebt. Esther muss heute Nacht eilig einen Karton nach dem anderen mit ihrem Zeug gefüllt haben. Ich sehe mich um und korrigiere: mit allem Zeug, das mal da war. Die Wände sind kahl, nur ein paar Nägel ragen noch raus. Überall trete ich auf zerknülltes Zeitungspapier zum Ausstopfen. Ich will was Diplomatisches sagen, aber mehr als »Krass« fällt mir nicht ein.
»Du«, sie legt mir ihre Hand auf die Schulter, und mich durchschauert eine kleine Erotik ihrerseits. »Dich schickt echt der Himmel«, sagt sie, »hast du ein, zwei Stunden Zeit? Andi ist bei 'ner Fortbildung, ganz kurzfristig über Nacht, aber er ist so etwa mittags wieder da, also heute Mittag, ist das okay?«
»Was ist der Plan?«, frage ich.
»Super!«, sagt sie und nimmt ihre Hand natürlich wieder weg. War ja klar. »Wenn er wieder hier ist, bin ich weg. Und das kommt alles mit. Keine Sorge, das ist meins. Bevor wir zusammengezogen sind, hat er bei seiner Mutter gewohnt. Echt ey – anderes Thema. Das Zeug gehört mir.«
Esther führt mich ins ehemalige Wohnzimmer. Eine bis zur Unkenntlichkeit auseinandergeschraubte Zweiercouch, Kartons mit CDs und Büchern und die abgekabelte Anlage, außerdem ein paar Pflanzen. »Hier«, sagt Esther, »vielleicht alles bis auf das Sofa zum Schluss. Am besten wäre – echt Scheiße, was ich hier von dir verlange, aber ... der Kühlschrank zuerst?«
Nach dem Kühlschrank (mit dem habe ich Glück, er geht mir nur bis zur Hüfte und ich kann ihn gut alleine umfassen) kommt die Couch. Mit der habe ich kein Glück, aber hey, es ist eben 'ne Couch, was will man machen? Die

Dinge sind, wie sie sind. Daneben, dazwischen und obendrauf Kartons, Kartons, Kartons. Dass man Kartons zur Hälfte mit Klamotten, zur anderen mit schwerem Zeug füllt, davon hat Esther noch nie gehört. Immerhin bringt sie mir zwischendurch eins meiner Brötchen mit Butter und Schinken. »Das ist zwar strenggenommen dem Andi sein Schinken«, sagt sie, »aber ich glaube, darauf kommt's jetzt echt nicht mehr an.«

Um kurz nach elf bin ich total am Arsch. Jetzt kommen kleine Kommoden, Pflanzen und zwei Fahrräder. »Beide meine«, sagt sie, und ich nicke nur noch, ohne mich darum zu kümmern, ob sie sieht, dass ich nicke. Ich schaue auf die Uhr. Ich will fertig werden. Mein Körper ist es schon. Als ich auf dem Rückweg nach oben schon im ersten Stock eine Verschnaufpause einlege, kommt sie mir entgegen. »Ich glaube, wir haben's fast«, sagt sie, »nur noch die Waschmaschine.«

Vor meinem geistigen Auge sehe ich einen altrömischen Gladiator, der zwei Tiger und drei Leoparden niedergerungen hat und aus allen Löchern blutet, und von oben aus dem Publikum ruft die Prinzessin kichernd nach den Löwen, weil die doch schließlich dazugehören, und der Gladiator denkt kraftlos: Stimmt. Das sehe ich ein. Was ist denn ein Gladiatorenkampf ohne – Waschmaschine?

Ich trage den schlafenden AEG-Löwen aus dem Keller nach oben und höre mich gedankenverloren in Esthers Richtung sagen: »Und womit wäscht der Andi jetzt?«

Da faucht sie mich an und ist ganz entrüstet, dass sie jetzt so entrüstet tun muss: »Jetzt mach aber mal halblang! Auf wessen Seite stehst du eigentlich?«, und mir fällt glücklicherweise ein: »Bloß so, ich dachte, ich biet's ihm an, kann er bei mir mitwaschen, bis er was Neues hat.«

Sie faucht weiter. »Da kennst du den Andi schlecht. Der lässt seine Mutter wieder die Wäsche machen, glaub mir. Gehst du schon mal wieder hoch, dann machen wir noch 'nen Kontrollgang, ich komm' gleich«, sagt sie, und ich schleppe meinen Körper, der nur noch zu einem fähig ist, nämlich zur Empfindung von Muskelschmerz, die Treppe hoch. Aber die Tür im vierten Stock ist geschlossen. Von unten von der Straße höre ich den Motor des Transporters aufheulen. Ich hab sie noch nicht mal gefragt, wo sie hin will. Ich schätze, meine Brötchentüte hat sie auch mitgenommen.

Mir tut jede Faser meines Körpers weh, und ich fürchte, mir sind heute Vormittag sogar ein paar neue Fasern gewachsen, die jetzt auch erst mal wehtun, sozusagen von Anfang an. So geschuftet habe ich noch nie in meinem Leben. Ich stolpere in meinem Wohnzimmer und lande auf dem Sofa. Auch gut, denke ich, und im nächsten Moment bin ich weggetreten.

Ich erwache von der Türklingel. Ich lausche ihr hinterher, während der allumfassende Schmerz in sämtlichen Muskeln wiederkommt. Was sagt die Uhr am Badezimmerspiegel? Halb ein Uhr mittags. Es ist mir scheißegal, wer da draußen ist, ich stehe nur auf, weil mich interessiert, ob es noch geht.

Im Treppenhaus steht Andi. Er heult. Ich bin viel zu kaputt, um mich zu verstellen. Ich bin zu kaputt für eigentlich alles. Also sage ich: »Hey, was geht?«

Andi schnieft und sieht mich an. »Esther ist weg.«

Und ich sehe ihn vor mir, allein in der leeren Wohnung, wie er fassungslos und vorsichtig, weil es so hallt, durch die kahlen Räume geht und einen Zettel sucht, den sie ihm ziemlich sicher gar nicht geschrieben hat, weil sie ja nicht mal mir erklärt hat, warum das alles. Und ich frage mich, ob er so ein Arsch ist, dass er das verdient hat. Und ich denke, wenn's einem passiert, hat man's auch verdient. Ich bitte ihn rein und schenke ihm einen Schnaps ein. In den folgenden Minuten erzählt er mir, was ich schon weiß,

aber das ist ja auch schon was. Er ist total fertig.
»Alles weg«, sagt er, »sie hat alles mitgenommen! Sie muss das geplant haben, schon ganz lange, das ist das Schlimmste, finde ich, weißt du, dieses Hinterrückse, ich meine, wie muss es ihr gehen, wenn sie so was …? Sie ist doch so 'ne Zarte, Zerbrechliche irgendwie, du kennst sie ja.«
Falsch, denke ich. Und er so weiter: »Ich mach' mir ganz irre Sorgen, wo sie jetzt ist, ehrlich. Ich könnt' mir vorstellen, sie weiß selber nicht, was sie … Oh Gott, ich hoffe, es geht ihr gut! Wie die sich jetzt wohl fühlen muss!«
Er putzt sich die Nase. Und wie ich ihm da so gegenüber sitze, in meiner unaufgeräumten, sozusagen im Chaos lebendig pulsierenden Wohnung, spüre ich wieder Kraft in mir. Kraft, einem Menschen zu helfen, der Hilfe braucht. Meine. Und zwar sofort.
»Weißt du was?«, frage ich ihn, »ich mach' mir keine Sorgen. Ich meine, die Esther, die weiß doch ziemlich genau, was sie will und was sie braucht. Und selbst wenn man davon ausgeht, dass sie's gerade mal nicht weiß, kann man sich doch sicher sein, dass sie es sich instinktiv einfach nimmt. Oder?«
Er hat noch das Taschentuch im Gesicht, als er mich ansieht. Nimmt es langsam runter und zieht die Nase hoch.
»Wie jetzt?«
»Komm schon, weißt du doch. Ich meine, man traut's ihr nicht zu, aber sie hält's doch nicht alleine aus. Ich bin mir sicher, der geht's gut. Wenn nicht jetzt, dann bald wieder. Sehr bald.«
»Sorry«, sagt er, »ich kann dir nicht ganz folgen.«
»Hör mal«, sage ich, »wir brauchen doch nicht um den heißen Brei herumreden. Als ich sie das erste Mal in so 'nem Club gesehen hab', dachte ich auch, verdammt, was macht die denn hier? Grundschullehrerin! Und dann hab' ich ein bisschen zugesehen, und da sieht man ganz gut, was die in so 'nem Club macht.«

Andis Augen sind wieder trocken. Er sieht mich an. »Was für ein Club?«
»Das war im – lass mich nachdenken – Casa della luna«, sage ich, »oder im Ricochet. An der B 27 direkt ist das Fandango, find' ich das beste, aber da geht sie ja nicht mehr hin, sagt sie. Sagt sie.«
Andi ist fokussiert. Seine Augen funkeln. »Was sind das für Clubs?«
Ich ziehe den Kopf ein wenig zurück, das wirkt erstaunt. »Swingerclubs«, sage ich, »jetzt komm! Ich meine, wenn du da nicht mitgehst, deine Sache, du weißt nicht, was dir entgeht, aber …«
Jetzt kommt das Meisterstück. Das sprachlose Verstehen. Meinerseits, versteht sich. Er ist noch nicht so weit. Er hat keine Ahnung. Er hatte keine Ahnung. Das verstehe ich jetzt. Oder jedenfalls tue ich so: »Scheiße, Mann«, sage ich, »du willst mir doch nicht erzählen, du weißt nicht, dass sie …«
Andi hebt die Hände. Schweig, sagen die, kein Wort mehr! »Sie ist 'ne Schlampe«, flüstert er, »'ne verdammte ekelhafte Schlampe!«
»Alter«, sage ich, und ich weiß, dass ich ab jetzt entschieden zu weit gehe, aber das ist Teil des Plans. »du kannst mir echt nicht erzählen, dass sie bei dir nicht … Ich meine, das gibt's doch gar nicht.«
Andi sieht aus dem Fenster. Die Mittagssonne brezelt herein. Er dreht mir den Kopf zu, aber er wagt es nicht, mich anzusehen. Doch, denke ich, komm schon. Wag es. Sieh mich an, und was dann passiert … deswegen sind wir hier.
»Und du«, sagt er, »du hast auch …?«
Er stockt. Ich muss auf sanft schalten. »Whoa«, sage ich leise, »jetzt komm mal runter, okay. Ich hab' nichts gemacht, was sie nicht wollte, und nichts, was sie nicht mit – tut mir leid, das ist jetzt einfach so – mit Dutzenden anderen auch gemacht hat.«

Andi steht auf und sieht mich finster an. »Wahrscheinlich sogar mit Hunderten.«
»Hey, ich meine, denk, was du willst. Jedem Tierchen sein Pläsierchen. Heutzutage gilt nicht mehr eine Moral für alle, solange man niemandem wehtut, weißt du? Die Dinge sind so, wie sie sind. Und von wegen Hunderte: Ich würd' mich ehrlich gesagt wundern, wenn sie da selber mitgezählt –«
In diesem Moment trifft mich seine Faust, hart und überraschend spät, finde ich. Weil ich überhaupt keine Power mehr habe, mich zu wehren, lasse ich ihn ein paarmal zuhauen, wie ich da so am Boden liege. Er versucht auch, mich zu treten – weil er das im Fernsehen gesehen hat, denke ich –, aber er stolpert dabei. Ich merke, wie ich müde werde, als er sich über mich beugt.
»Weißt du was, du ... du verdammtes Schwein!«
Süß, denke ich noch, er hört sich an wie die schlechte deutsche Synchro von 'nem Gangsterfilm. Aber dann geht's weiter: »Ich dachte, ich geh' kaputt, weil sie weg ist. Ich dachte kurz, ich bring' mich um. Aber dann fiel mir ein, dass du auch hier wohnst, und dass du ein guter Typ bist, dachte ich. Weißt du, was ich geglaubt habe, ich Vollidiot? Dass du mich trösten würdest! Du mich trösten! Und weißt du, was du gemacht hast? Weißt du das?«
Ich bewege den Kopf hin und her.
Andi schreit mich an: »Du HAST mich getröstet! Dann ist sie eben weg! Soll sie doch! Mir doch egal! Ich hau' auch ab hier! Ich geh' zurück zu meiner Mutter! Sag ihr das ruhig, wenn du sie wieder mal ... wenn du sie wieder mal siehst! Ich bin fertig mit ihr! Ganz fertig! Für immer!«

Mit einer Eleganz, die ich ihm gar nicht mehr zugetraut hätte, dreht er sich auf dem Absatz um und geht, aus dem Wohnzimmer, durch den Flur, aus der Tür, ins Treppenhaus, treppab, und weg.

Ich liege auf meinem heimelig verstaubten Teppich, mir tut immer noch alles weh. Ich greife mir ein Kissen vom Sofa und kuschle mich auf dem Boden zu einem schnurrenden Muskelkater zusammen. So ist es gut, denke ich, während ich einschlafe. Wäre doch echt nicht in Ordnung gewesen, nur einem von beiden zu helfen.

DER JUNGE IM URLAUB
NIKITA GORBUNOV

Wenn es so weiter so windet, dachte der Junge, frage ich Sahra, ob sie mir den Handtuchvorhang macht, damit ich mir dahinter die trockene Badehose anziehen kann. Sie waren jetzt den neunten Tag am Strand gesessen, in einer künstlichen Bucht, wo die Holzstege wie Rippen in den Sand herausragen, um die Leute unter ihren Schirmen mit dem Burger King an der Promenade zu verbinden. Wenn man fast zwei Wochen lang zusammen mit zehn Flugzeugladungen Russen auf den Atlantik hinausstarrt und dabei die Whopper mit Käse in sich reinfrisst, dann macht das schon demütig.

Da ist jeden Abend Karaoke-Party an der Poolbar in der Anlage. Und die armen Schweine, die sie aus dem Meer gefischt haben, laufen zwischen durch und verkaufen dir die geilen Sonnenbrillen – von »Ray Berry«.

Eigentlich müsste das die Leute zueinander führen, so ein Urlaub. Da sitzen doch alle im selben Boot, beziehungsweise auf derselben Schwimmbanane. Jeder hat denselben Durchfallkeim. Jeder schaut die Premier League im Fernsehen, aber die Integration scheitert, solange man nicht weiß, wer da Dortmund und wer eigentlich Bayern ist.

Kein Scheiß: Vor Langeweile hat der Junge einen gottverdammten Untergrundbahnhof im Sand gebaut. Wäre die

Flut nicht gekommen, es wäre eine Umsteigestation geworden.

Der Sonnenuntergang war mittlerweile einer blauen Dämmerung gewichen. Der Wind frischte also auf und blies die letzten Leute vom Strand den käsigen Burgern entgegen.

Sahra und der Junge tranken viel an diesem Abend, erzählten sich nochmal die alten Anekdoten aus der Oberstufe und stritten dann über dieselben unveränderlichen Nebensächlichkeiten wie zu Hause auch. Wie viel toller wäre es, dachte sich der Junge, wenn man beim Streiten so richtig geile Capes und Strumpfhosen tragen würde, wie in den Comics. Dann könnte Sahra mit ihren Psykräften das Wetter kontrollieren oder so, und der Junge hätte dann so einen richtig geilen Laserblick. Sie hätten echte Herkunftsgeschichten. Sahra wäre bestimmt eine gefallene Ninjakriegerin und er wäre ein von einer radioaktiven Bettwanze gebissener Reporter aus New York. Ja, Mann. Super-Er und Super-Sahra hätten 382 Hefte lang miteinander streiten können, ohne auch nur einen Tag zu altern. Nachdem sie alle Sätze gesagt und alle Vorwürfe verschossen hatten, ging Sahra ins Bett, lesen. Der Junge war im winzigen Wohnzimmer der Ferienwohnung geblieben und soff, bis das Nachtprogramm vom ZDF lustig war.

Sahra erwachte dann am letzten Urlaubstag überrascht unter dem Handtuch mit den blauen Streifen. Sie weckte den Jungen auf dem Sofa, um zu fragen: »Hey, wieso hast du mich mit dem Handtuch zugedeckt?«

Da sagte der Junge im Halbschlaf die Wahrheit: »Ich bin extra aufgestanden, um dich zu besetzen. Ich wollte nicht aufwachen, und da liegt schon eine russische Familie auf dir drauf.«

HORST, KIRCHBICHLER UND ICH RETTEN DIE WELT UND STELLEN FEST, DASS DAS GAR NICHT SO EINFACH IST, WIE MAN DENKT
JOA BAUER

Einmal mehr standen Horst, Kirchbichler und ich am Langsamimbiss und versuchten, uns einen Reim auf die Welt zu machen. Kirchbichler hatte etwas von einer Konferenz »Rio+20« gehört und sofort zu lamentieren angefangen: »Nachhaltigkeit, alle reden von Nachhaltigkeit, was ist das denn für ein Quatsch? Wisst ihr, worum es da eigentlich geht?« Da ich mich als informierter Bürger, der auch mal ab und zu ein Buch zur Hand nimmt, verstehe, sah ich mich gezwungen, für Klarheit am Tisch zu sorgen. »Bei der Nachhaltigkeit geht es um nichts anderes als um die Rettung der Welt, also unserer Welt, die ja geradezu von den Menschen vernachlässigt wird, nö, vielmehr total zerstört, mit Klimawandel, Ausrottung von Tieren und Verschwendung von Rohstoffen. Wenn die Welt nachhaltig wäre bzw. wenn die Menschen nachhaltig handeln würden, gäb's alle diese Probleme nicht. Und in Rio haben sich eine Menge Leute getroffen, um zu beschließen, wie das am besten geht.«

Horst horchte auf: »Und was haben sie dort beschlossen zur Rettung der Welt?«

»Wenn ich es richtig verstanden habe, nichts, aber man will sich wieder treffen.«

»Und warum heißt das Rio plus 20?«

»Weil sie sich seit 20 Jahren treffen und beschließen wollen, wie die Welt zu retten ist.«

»Aber gerettet ist sie nicht?«

»Gerettet ist sie nicht.«

»So ein Quatsch.«

»Ist halt nicht so einfach – man braucht schon eine ganze Menge an Weltrettern, dass so etwas klappt.«

»Aber wenn dort nichts beschlossen wird, sollten dann nicht wir damit anfangen, die Welt zu retten?« Horst wieder, wo kramte er nur immer plötzlich diesen Idealismus hervor, der so gar nicht zu ihm passen wollte?
»Nee, nee, Horst, wir sind viel zu kleine Fische, sollen die anderen mal!«
»Wir sind die anderen!«, proklamierte Kirchbichler, auch zu ihm wollte dies nicht so recht passen, war ich es doch, der immer behauptete, Rimbaud gelesen zu haben, nicht wahrheitsgemäß, aber das ist ein anderes Thema. Aber irgendwie hatte er ja recht, trotzdem versuchte ich die Last der Verantwortung auf unseren Schultern zu verringern: »O. k., Jungs, ich habe eine Idee – wir machen uns auf die Suche nach den Weltrettern in unserem Dunstkreis und fragen die, was sie zur Rettung der Welt beitragen. Ist das was? Wir nehmen uns 'ne Woche Zeit und schauen dann mal, wen wir so gefunden haben und was für Vorschläge die haben.«
»Das machen wir!«, rief Horst, »wir retten die Welt oder lassen sie retten!« Damit war das beschlossene Sache.
Da ich in der »Bild« und auch anderswo schon ab und zu was über Nachhaltigkeit und die Klimakatastrophe und so gelesen hatte, war es meine Aufgabe, eine Bewertungsskala für die Vorschläge zu entwickeln, damit wir entscheiden konnten, wer denn nun tatsächlich was zur Rettung der Welt beitragen würde. Wir wollten die ganze Sache ja wissenschaftlich angehen, denn ich hatte in einer Fernsehsendung gesehen, dass man nachhaltige Entwicklung wohl nur mit Hilfe der Wissenschaft erreichen konnte, also wollten wir uns auch daran halten. Ich entschied mich für eine Skala mit den Bewertungen »hilft bestimmt«, »könnte helfen«, »schadet bestimmt nicht« und »so ein Quatsch«. Horst und Kirchbichler waren mit dem Vorschlag reichlich einverstanden, denn die Bewertung sollte uns nicht überfordern, wir standen ja noch ganz am

Anfang unserer Karriere als Sucher nach den Weltrettern. Eine Woche darauf standen wir wieder am Langsamimbiss und ich war schon gespannt, was für tolle Ideen da zusammengekommen waren.

Horst durfte zuerst ran: »Rita, eine Bekannte von mir, hat sich vorgenommen, grundsätzlich auf Getränkedosen zu verzichten, weil damit wertvolle Rohstoffe verschwendet werden.« Paff, gleich so ein Knaller für den Anfang. Wir sahen uns entgeistert an, dann starrten wir auf unsere Dosen, und ohne dass einer ein Wort sagte, nahmen wir gleichzeitig die kräftigsten Schlucke unseres Lebens, als seien es unsere letzten. Wir ließen das edle Nass aus den wertvollen Behältnissen unsere Kehlen runtertosen und die Dosen gaben dabei dieses typische leise Knistergeräusch von sich, weil wir sie ob unseres Entsetzens über unser tägliches Tun so stark zusammendrückten, dass sie sich in unseren Händen leicht verformten. Dann schwiegen wir noch ein bisschen. Kirchbichler traute sich zuerst, etwas zu sagen: »So ein Quatsch, absolut, geht gar nicht, es nützt der Welt gar nichts, wenn wir verdursten, denn dann können wir die Welt ja nicht mehr retten oder den Weltretter ausfindig machen!«

»Genau, so ist das, das wäre ein vollkommen falsches Signal an die Bierindustrie«, ergänzte Horst und dann schauten mich beide fragend an. Ich schwieg weiter, denn ich war mir in dieser Sache nicht ganz sicher. Ich musste nachdenken, schließlich war ich hier ja dafür verantwortlich, dass das Ganze nicht aus dem Ruder lief. Da musste Werner weiterhelfen, also rief ich rüber: »Werner, werden deine Bierdosen eigentlich recycelt?«

»Ja, bestimmt, ist ja Pfand drauf, die geb' ich zurück und dann machen die bestimmt neue Dosen draus oder Flugzeuge oder was auch immer.«

»Deshalb stürzen dauernd Flugzeuge ab, wenn die unsere ollen Dosen nehmen und Tragflächen draus machen – ich mach' ja oft Löcher in die Dose, das kann nicht gut sein«, meinte Kirchbichler und betrachtete nachdenklich die Dose in seiner Hand, bevor er einen weiteren Schluck daraus nahm. Ich fand das mit dem Recycling trotzdem so beruhigend, dass ich auch für »So ein Quatsch!« plädierte, und Kirchbichler zögerte dann trotz seiner Bedenken keine Sekunde, für ein einstimmiges Ergebnis zu sorgen. Wir konnten uns ja nicht selbst die Quelle des Glücks abgraben, das wäre bestimmt nicht nachhaltig. Bier aus Dosen musste sein wie das Amen in der Kirche. Der Stehtisch am Langsamimbiss war unser Altar und das Recycling war unsere persönliche Absolution. Und Werner, den sahen wir ab diesem Zeitpunkt als unseren Heiligen Vater, der über unsere gefährdeten Seelen wachte, indem er die Dosen zurückbrachte und uns so vor dem Fegefeuer bewahrte. Nicht dran zu denken, wenn das Zeugs nur einfach so weggeworfen würde. Und zu gegebener Zeit könnten wir uns dann doch mal mit Werner über einen Umstieg auf Pfandflaschen unterhalten, aber das hatte noch Zeit, auch wenn ich irgendwo gelesen hatte, dass das besser für die Umwelt sein soll als die überaus praktischen Dosen. Wir mussten angesichts dieser Widersprüche schnell das Thema wechseln, also fuhr ich fort: »Meine Nachbarin Frau Österle lässt beim Zähneputzen nie das Wasser durchlaufen, das hat ihr Vater schon zu ihr gesagt und seit ihrer Kindheit hält sie daran fest. Kaum auszurechnen, wie viel Wasser sie dadurch schon gespart hat.«

»Ist überhaupt irgendjemand so blöd, während des Zähneschrubbens das Wasser laufen zu lassen? Was sollte das bringen?«, warf Horst ein. Mir leuchtete diese Idee jetzt plötzlich auch nicht mehr wirklich ein, weil es so idiotisch erschien, überhaupt daran zu denken, das Wasser die ganze Zeit laufen zu lassen, während man sich im Spiegel betrachtete und die Wangen mit der Zahnbürste ausbeulte. »Na ja, schaden tut's natürlich nicht, so zu ver-

fahren«, meinte Kirchbichler und zog ratlos die Schultern hoch. »Vielleicht sollten wir in der Fußgängerzone mal rumfragen, ob das überhaupt noch jemand macht, einfach so blödsinnig das Wasser laufen zu lassen. Vielleicht hat man das ja früher mal so gemacht«, warf er hinterher und blieb damit bei »schadet bestimmt nicht«. »Wenn das Frau Österles einziger Beitrag ist, reicht das natürlich nicht«, räumte er noch ein, woraufhin ich ergänzen musste: »Nein, es geht noch weiter. Sie hat noch zu mir gesagt, dass ihr Mann nicht mehr mit über 200 Sachen auf der Autobahn fährt, obwohl er das mit seinem Auto könnte. Damit würde er unheimlich viel Benzin sparen und damit zur Rettung der Welt beitragen.«
»Was hat er denn für ein Auto?«
»Einen Mercedes, glaub ich.«
»Na dann ...«
»Was ›na dann‹?«
»Na dann ist ja alles in bester Ordnung.«
»Wieso?«
»Na, sind langlebige Autos, und wenn er dann noch auf die 200 Sachen verzichtet, ist doch alles prima, das hilft uns allen.« Ich bekam das Gefühl, dass die Diskussion schon wieder ein wenig aus dem Ruder lief, konnte aber nicht erkennen, wo hier jetzt der Haken lag. Familie Österle bemühte sich zumindest nach bestem Wissen und Gewissen, so sollte man meinen, und während ihr Mann mit 180 über die Autobahn schlich, bereitete Frau Österle in aller Ruhe den Braten zu, der nun länger in der Röhre bleiben konnte, weil ihr Mann ob der reduzierten Geschwindigkeit ja länger brauchen würde, um nach Hause zu kommen. Was sollte daran falsch sein? Und über den Braten konnten wir später immer noch diskutieren, denn den rochen wir bereits in all seiner Fragwürdigkeit. Fleisch schien ja auch irgendwie ein Problem zu sein, was uns aber nicht daran hinderte, bei diesem Zwischenergebnis erst mal drei Cur-

rywürste zu ordern. Mit leerem Magen war es unmöglich, auch nur daran zu denken, die Welt zu retten.

Dann war Kirchbichler dran. Noch Currywurst schmatzend, eine seichte Soßenspur im Mundwinkel, erzählte er von einem Nachbarn: »Mein Nachbar hat sich eine Warmwasser-Solaranlage aufs Dach seines Hauses gebaut. Damit spart er im Sommer das Gas fürs Warmwasser; er ist ganz stolz darauf und hat mir sogar vorgerechnet, wie viel CO_2 er damit einspart – das ist wohl das Abgas, das dafür sorgt, dass es immer wärmer wird.«

»Wie groß ist denn das Haus?«

»Ich glaube so 150 m².«

»Für wie viele Leute?«

»Drei.«

»Aha.«

»Was ‚aha'?«

»Ist nicht gerade wenig für drei.«

»Die brauchen halt Platz – die Sauna im Keller nimmt ja auch noch Platz weg.«

»Ah, die Sauna, elektrisch wahrscheinlich?«

»Ja, aber sie betreiben sie mit Ökostrom, hat er gesagt, das ist klimaneutral, meinte er.«

»Na, die haben ja an alles gedacht.«

»Ja, und sie machen in jedem Zimmer das Licht aus, wenn niemand drin ist!«

»Wow, das ist ja exklusiv – aber wieso sollte auch in einem Zimmer Licht brennen, in dem gar niemand ist? Das kommt mir jetzt nicht so besonders vor.« Auch hier war ich mir nicht so sicher, was das alles jetzt zu bedeuten hatte, und bevor wir uns zu sehr die Hirne zermarterten, ob das denn nun ein nachhaltiges Wohnmodell ist, verzichtete ich auf den Aufruf zur Bewertung und eröffnete schnell ein neues Thema: »Jens, ein Bekannter von mir, meinte, dass die Überbevölkerung schuld an der ganzen Misere sei und dass er deshalb beschlossen habe, keine Kinder zu bekommen.« Horst legte sofort nach: »Ach, den Jens kenne ich, das ist tatsächlich ein Segen für die Menschheit, wenn der sich nicht vermehrt – das müsste nun wirklich nicht sein, deshalb stimme ich sofort für ›hilft bestimmt‹.«

»Aber wenn das alle machen würden, wäre das auch nicht ideal«, warf Kirchbichler ein, »dann wäre es bald vorbei mit der Nachhaltigkeit, weil keiner mehr da wäre, um die Welt vor sich selbst zu retten.« Dieses Plädoyer für die Kinder erschien mir dermaßen einleuchtend und abschließend, dass ich es spontan für angemessen hielt, mal eine Pause von der Suche nach den Weltrettern zu machen: »Na dann stoßen wir doch mal auf die Kinder dieser Welt an – Werner, noch drei Bier!« Und morgen würden wir uns immer noch weiter Gedanken über die Rettung der Welt machen können.

NICHT UNGEWÖHNLICHE ÜBERLEGUNGEN BEI LIEBESKUMMER
VOLKER SCHWARZ

Sie und ich hätten glücklich werden können, aber leider lernten wir uns kennen.

Unbändig wie ein Erdrutsch war sie abgegangen, unsere Leidenschaft. Doch haben Lawinen die Eigenart, nur bergab zu führen, um irgendwann unten aufzuschlagen. Und da lagen wir also wie so viele andere vor uns: begraben unter einer selbst angehäuften zwischenmenschlichen Geröllmasse. Doch nur sie empfand dies als unerträgliche Last, von der sie sich befreien wollte.

Bis zu diesem Punkt dachte ich, der schlimmste Satz, den ein Mensch zu hören bekommen kann, sei: »Sie sind unheilbar krank und werden bald sterben, doch es ist nie zu spät, der FDP beizutreten.«

Volker Schwarz

Weit gefehlt, denn die schlimmsten Worte der Welt sagte sie zu mir: »Du wirst wieder jemanden finden, der dich glücklich macht.« Ein eiskalter Schlussstrich, verpackt als paradoxer Trost. Als ob man nur mal kurz zu IKEA fahren müsste, um sich dort etwas Besseres aus dem Regal zu holen – Fach C-21, Beziehungskiste Forever.

Als ich nach völliger Verwirrung endlich begriffen hatte, dass sie und meine Lieblings-Kaffeetasse womöglich für alle Zeit verloren waren, löste mein Gehirn das Ticket zu einer wilden Geisterbahnfahrt. Diese führte mich zu den Stationen »Erschütterung, Tiefbahnhof«, »Rückeroberungsversuch, Abstellgleis« und weiter nach »Wut, Kopfbahnhof«, sodann aufgrund einer unerwarteten Weichenstellung nach „Ausrasten, Rangierbahnhof", worauf ich schließlich in „Völlige Verzweiflung, Endbahnhof" eintraf – bitte alle aussteigen! Angekommen an einem wüsten Ort, wo permanent nur endlos traurige Liebeslieder gespielt wurden, grub ich ein tiefes Loch, in das ich mich fallen ließ. Dort unten herrschte absoluter Stillstand. Es gab täglich Fernsehen, Fertigpizza und reichlich Alkohol, womit sich meinem Elend eine noch schlechtere Laune verpassen ließ. Und irgendwann war ich dann wirklich am Arsch, denn ich sang sogar die Texte von Andrea Berg, Pur und Wolfgang Petry mit.

Aber jetzt! Jetzt, da weder Freunde noch Bekannte wenigstens zehnmal am Tag am Rand meines Lochs erschienen waren, und SIE sogar nicht ein einziges Mal, um sich besorgt zu erkundigen, wie es mir denn gehe – obwohl ich das selbstverständlich erwartet hatte –, und weil das Bierflaschenpfand inzwischen für einen Kleinwagen ausreichen würde, ist es an der Zeit für ein Fanal!

Alle sollen sie von meiner ausweglosen Seelenqual erfahren, die dergestalt bisher noch niemandem außer mir widerfahren ist, für die es bisher auch keine Bezeichnung gibt, weil »Liebeskummer« allenfalls ihr glücklicher kleiner Bruder sein kann, für die mir in diesem Moment aber auch kein zutreffender Name einfällt, außer vielleicht »Jekjek-pscht-pscht-holdrioooo!«

Ja, ein Zeichen muss gesetzt werden. Mir bleibt also nur noch eine Konsequenz: mein persönlicher Selbstmord. Da wird SIE schön blöd schauen und begreifen, wie ernst mir unsere Sache gewesen ist. Seelisch geknickt wird sie an meinem Grab stehen, aus tränenerfüllten Augen hinab auf meinen Sarg starren und an der Erkenntnis zerbrechen, dass das Beste auf Erden für sie nun für immer und ewig verloren ist, denn niemand mixt einen Mojito und massiert die Füße besser als ich. Und von inbrünstiger Reue erfasst, wird sie sich noch am selben Tag von ihren derzeit drei Liebhabern trennen ... hmm, das hoffe ich zumindest, denn in extremen Stress-Situationen ist ihr meist arg nach Sex – das wäre in diesem Fall natürlich kontraproduktiv.

Meine Eltern wären einerseits vielleicht sogar stolz, dass ich endlich einmal eine Sache zu Ende gebracht habe. Andererseits wären sie bestimmt ziemlich sauer, weil dann niemand mehr da ist, der ihnen die Sprudelkisten hochträgt. Aber sie können ja einen Studenten zur Untermiete in meine Wohnung aufnehmen und das Sprudelschleppen als Mietbedingung setzen. Und alle meine Freunde werden zu meiner Beerdigung kommen.

Ach ja, dazu müsste ich mir ja auch noch Gedanken machen: an welchem Tag meine Beisetzung stattfinden sollte – damit ich mich exakt drei Tage vorher entleibe. Außerdem wird man bei uns nur nachmittags um zwei verscharrt – da ist unser Pfarrer nicht sehr flexibel.

Montag geht gleich mal gar nicht – da hat Eddie immer Home-Office und muss nebenbei auf seine kleine Tochter aufpassen. Und Thomas geht um zwei regelmäßig zu seinem Therapeuten, da darf man ihn nicht aus dem Rhythmus bringen, will man nicht riskieren, dass er wieder nackt durch die Stadt rennt und lauthals ruft:

»Ich wollt', es wär' Nacht und die Preußen kämen!«
Am Dienstag und Donnerstag nachmittags passt es auch nicht. Da ist sozusagen Ruhetag auf unserem Friedhof, weil unser Pfarrer an diesen Tagen die Verblichenen der Nachbargemeinde beisetzt. Außerdem muss ich darauf achten, dass ich in einer ungeraden Woche begraben werde, denn in den geraden haben Ralf und Peter Spätschicht, und ihren Urlaubsplan müssen sie schon zum Jahresanfang abgegeben haben.
Mittwoch ist auch ganz schlecht, weil an dem Tag alle Wirtshäuser in unserem Kaff Ruhetag haben und es dann keinen Leichenschmaus gäbe, wo dann alle in gedrückter Stimmung um einen Tisch säßen und nach und nach damit beginnen würden, lustige Anekdoten aus meinem tollen Leben zu erzählen – bis plötzlich jemand, eine Frau, von ihren Gefühlen überwältigt, in lautes Weinen ausbräche und die Gaststube auf einmal von Totenstille erfasst wäre und man daraufhin die Weinende innig von allen Seiten trösten würde. Vielleicht wäre es Lisa. Oder Martina. Oder Gaby, Katja, Moni, eventuell auch Karin – nein, die nicht, die blöde Kuh –, oder vielleicht sogar Claudia Müller, die im Nachhinein bereut hat, mir damals in der Realschule eine Abfuhr zugunsten von Martin Fink erteilt zu haben, weil der schon ein Mofa und lange Haare hatte. Heute hat Martin eine Halbglatze und eine Wampe, als hätte er sein Mofa verschluckt.
Freitag geht auch nicht, da machen viele meiner Freunde schon mittags um zwölf Feierabend und gehen in die Kneipe. Die würden dann um zwei total knülle auf dem Friedhof erscheinen. Da ständen die womöglich mit den Bierflaschen in der Hand am Grab. Und dem blasenschwachen Idioten Nobby ist zuzutrauen, dass er zudem in die Grube pinkelt.
Samstag ist auch ungünstig – möchte den Freunden nicht das Wochenende versauen.

So ein Suizid ist eine komplizierte Sache. Außerdem irritiert mich noch dieses »für immer und ewig«. Das gilt ja dann auch und vor allem für mich. Und werde ich mich nach meinem Freitod besser fühlen? Und falls ja, wo?

Zu viele ungeklärte Fragen. Fazit, mein Zeichen kann also nur auf eine effektive Art gesetzt werden: versuchter Selbstmord, vorgetäuscht. Hat zuerst einmal denselben Schockeffekt. Vorgetäuschter Selbstmord ist aber auch nicht ganz einfach. Man muss ja entweder rechtzeitig gefunden und davon abgehalten werden oder die Sache überleben und hinterher von jemandem entdeckt werden, der es allen erzählt – vor allem IHR!

Da kommen nicht viele Todesarten in Frage. Sich erschießen, vor einen Zug werfen oder von einem Hochhaus springen fällt schon mal weg. Tut auf jeden Fall weh und es besteht eine nahezu hundertprozentige Erfolgsquote des nicht gewünschten Falls.

Mit dem Auto gegen einen Baum fahren – auch zu riskant. Außerdem hätte ich dann hinterher kein Auto mehr und Geld für ein neues habe ich auch nicht.

Pseudo-Erhängen ist auch nicht das Wahre – dabei kann so viel schiefgehen. Und wenn sie dich dann zu spät entdecken, ist das kein schöner Anblick, weil dann ja der Schließmuskel inzwischen erschlafft ist – und so einen Fund kann man ja niemandem zumuten.

Die Gasherd-Variante? Ich habe keinen Gasherd. Die Nachbarn meiner Eltern haben einen. Hallo Frau Söhnken, kann ich mal für eine halbe Stunde meinen Kopf in ihren Gasherd stecken? Danke! Und sagen Sie's doch bitte gleich meiner Mutter, bevor mir noch was passiert.

Apropos Gas. Wie wäre ein Schlauch, bei laufendem Motor vom Auspuff ins Auto gelegt? Nee, da habe ich nachher ruinierte Lungen und bekomme noch irgendwann Krebs davon.

Sich in die Badewanne legen und die Pulsadern aufschnei-

den. Puh! Ich kann kein Blut sehen, vermutlich würde ich ohnmächtig und dann ertrinken.
Von der Brücke springen! Vor Zeugen. Ja, das könnte gehen. Sieht echt aus und irgendein Verrückter wird mir bestimmt hinterherspringen, um mich zu retten. Und wenn nicht? Seit dem Chemieunfall geht da keiner mehr freiwillig rein. Und ist das Wasser überhaupt tief genug oder breche ich mir alle Knochen?
Ha, jetzt habe ich die Lösung: Schlaftabletten und Whisky – der Filmdiven-Klassiker.
Ich könnte Thea, meine Wohnungsnachbarin, vorgeblich zum Abendessen einladen, die Wohnungstür offen stehen lassen, kurz bevor sie kommt das Zeug schlucken, und sie findet mich und ruft einen Arzt und alle werden es erfahren.
Andererseits wollte ich Thea seit langem zum Essen einladen, weil sie immer meine Katzen füttert, wenn ich mal wieder übers Wochenende weg bin.
Sie ist schon eine sehr nette Frau. Und eigentlich auch sehr hübsch, wenn man mal genauer hinschaut. Nur ist sie sehr still geworden und macht sich rar, seit ihr Mann sie vor einem Jahr verlassen hat. Bis auf heute Morgen hatte sie dennoch immer ein Lächeln für mich parat. Ich traf sie zufällig im Supermarkt am Whiskyregal. Zwar war sie höflich und wirkte ausgeglichen, aber dennoch blickte sie ernst – so, als hätte sie soeben eine wichtige Entscheidung getroffen.
Ich gehe jetzt gleich mal rüber und frag' sie, wann ihr das mit einem Essen passt – hoffentlich die nächsten Tage, schließlich muss ich baldmöglichst meine Scheinverabredung mit Gevatter Tod arrangieren.
Ich klingle.
Thea öffnet.
Wie ein Windhauch schlägt ihr mein Lächeln entgegen – oder habe ich dabei versehentlich gerülpst? Kraut zum

Mittagessen. Doch Thea wirkt aufrichtig erfreut, mich zu sehen, und weist mich in ihr Wohnzimmer – sie wolle sich im Bad nur kurz frischmachen und für uns eine Flasche Wein aus der Küche holen. Ich blicke auf die Uhr. Vertrage ich nachmittags um vier bereits Wein? Egal, irgendwo auf der Welt wird es schon abends nach acht sein. Von ihr unbemerkt beobachte ich, wie sie in der Küche rasch eine volle Whiskyflasche und ein kleines ungeöffnetes Päckchen im Mülleimer verschwinden lässt.
Als Thea wenig später in einem engen schwarzen Kleid und mit offenen Haaren das Zimmer betritt, höre ich von irgendwoher das Grollen einer Lawine.

GUT, DASS ICH NUR EIN HARMLOSER LESEBÜHNEN-AUTOR BIN UND KEIN PARANOIDER PSYCHOPATH
INGO KLOPFER

»Sehr kleiner Penis«, sage ich zu meinem Sohn.
»Penis«, sagt er.
»Sehr klein«, wiederhole ich.
»Klein« – er.
»Sehr«, erkläre ich, »sehr, weil zwei Auspüffe.«
»Püffe!« – er wieder.
Es ist gar nicht so einfach, seinen noch nicht mal zweijährigen Sohn politisch-ökologisch korrekt zu erziehen. Mülltrennung in Restmüll und Gelber Sack und Energiesparen, indem man erklärt, dass Lampe »aus« viel besser ist als Lampe »an«, ist vergleichbar einfach.
Auch, dass die Zigarettenfilter in den Sandkästen der öffentlichen Spielplätze und Zigarettenautomaten»pfui« sind, konnte ich ihm beibringen und wenn er eine rauchende Mutti sieht, zeigt er mit dem Finger auf sie, sagt

»Asi« und nickt dabei wichtig – worauf ich sehr stolz bin. Jedoch die Unterscheidung von »kleiner Penis«, »sehr kleiner Penis«, »so gut wie überhaupt kein vorhandener Penis«, wenn wir einen Offroader an oder auf der Straße sehen, gestaltet sich noch schwierig. Mein Sohn ist leider wie die meisten kleinen Jungs noch sehr beeindruckt von Autos und wenn sie besonders groß sind und laut »brumm, brumm« machen, dann ist er hin und weg.

Ich erkläre ihm also gerade mal wieder, dass das »brumm, brumm« hinten aus den Auspüffen herauskommt und genau daran abzulesen ist, wie groß das Geschlechtsteil des jeweiligen Offroaderfahrzeugbesitzers ist.
Kleine Geländewagen mit nur einem Auspuff sind »kleiner Penis«, die etwas größeren mit zwei Auspüffen »sehr klein« und die Porsche Cayenne, Audi Q7 und Mercedes ML Klasse, »so gut wie nicht vorhandener Penis«.
Er wiederholt nur das letzte Wort: »Penis«, denn vor uns parkt ein zweiauspüffiger SUV mit laufendem Motor. Halb auf dem Bürgersteig, halb auf der Straße, weil seine Außenmaße dem eines Wohnmobils für eine Kleinfamilie entsprechen ... und trotzdem nie mehr als zwei Personen darin sitzen. Oder haben Sie schon mal mehr darin sitzen sehen?
»Penis«, wiederholt er laut.
»Toll«, sage ich zu meinem Sohn, während ich mir überlege, wie wir an diesem blechernen Ungetüm vorbeikommen sollen und was ich zu diesem dämlichen Fahrer sage, als eine blonde Frau mit Sonnenbrille die Tür öffnet und mein Sohn noch mal ganz stolz aufgrund meines Lobzuspruches »Penis« sagt.
Die Frau schaut irritiert und schiebt sich die Sonnenbrille in die Haare. Da keine Sonne scheint, jetzt nicht und vorhin auch nicht, schließe ich daraus, dass die Frau noch nicht lange auf den Beinen ist. Sie wirkt bereits um 10 Uhr

früh gelangweilt, denn außer ihrer Putzfrau und einer Kleinwagenbesitzerin, die es wagte, aus einer Seitenstraße von rechts zu kommen, und somit eigentlich Vorfahrt hatte, hat sie heute noch keinem ihre privilegierte Meinung gesagt. Jetzt hat sie einen Friseur- oder Bio-Feinkostmarkt-Besuch vor sich und das stresst sie. Ich schließe also blitzschnell auf »Hausfrau« ... mit Hausfrauenpanzer.

»Aber«, werden jetzt Sie, meine geschätzten Leserinnen und Leser, mit besserwisserischer Miene sagen, »eine Frau hat doch gar keinen Penis!«

Richtig. Aber ich bin mir sicher, dass ihr Mann, der ihr dieses treibstofffressende Monster gekauft hat, einen sehr kleinen ..., Sie wissen schon, hat.

Ich sage also leise, zu meinem Sohn gewandt: »Das ist kein ›Penis‹, sondern eine gelangweilte, unbefriedigte (ich erkläre jetzt nicht, warum) Hausfrau mit einem Geländewagen für die Stadt ...« Und er wiederholt: »Frauuu«. Sie lächelt ihn an – ganz »Frau«.

Mich ignoriert sie, da ich zu Fuß unterwegs bin und auf unserem Kinderwagen nur das Logo eines Babyartikeldiscounters und kein Babylabeldesigner-Markenname als Statussymbol prangt.

Frauen wie sie (und das ist kein Witz, sondern bitterer Ernst) bevorzugen die Kinderwagenmarke »Teutonia«. Teutonia-Kinderwagen zeichnen sich vor allem durch ihre Größe und ihr Gewicht aus. Sie sind sperrig und haben ein massiv glänzendes Metallgestell. Sie sind die Kinderwagenpanzer der Branche und passen nur in den Kofferraum von »sehr kleinem Penis« oder denen von »so gut wie überhaupt keinem ... na, Sie wissen schon« und sind besonders gut geeignet, in engen Fußgängerzonen, Aufzügen oder im Eingangsbereich der Kita im Weg zu stehen. Nicht umsonst versteht man unter einem »Teutonen« einen Mann von kräftiger und mächtiger Gestalt. »Platz da – Mutter mit Kind!«– Sie wissen schon.

Googelt man »Teutonia«, stößt man hier zuerst auf die schlagenden Verbindungen der studentischen Burschenschaften von Hamburg bis Stuttgart und Tübingen, die federführend die Nazis bei der Machtübernahme unterstützt haben und nach dem zweiten Weltkrieg großen Einfluss hatten auf den Wiederaufbau der deutschen Universitäten und bis heute aktiv sind.

Würde ich jetzt mal paranoid übertreiben, dann könnte man da doch nur kotzen. Männer, die sich oder ihren Frauen so ein völlig unnötiges geländetaugliches Ungetüm von Auto für den Stadtverkehr kaufen, haben wahrscheinlich einen juristischen oder medizinischen akademischen Abschluss an irgendeiner Elite-Uni gemacht; haben zu 50 % die Vorteile einer studentischen Verbindung genossen, deren Gründungsväter und Wohltäter wahrscheinlich Nazis waren und heute noch damit sympathisieren; haben heute Berufe, in denen sie so viel Geld verdienen, dass sie nebenbei ein Fahrzeug im Wert einer Zweizimmerwohnung kaufen, damit ihre Frauen damit einkaufen oder beim Kindergarten vorfahren können, um dort im Parkverbot oder auf Behinderten-Parkplätzen ihre Kinder in einen »Teutonia«-Kinderwagen umzuladen, um anderen Müttern ihre Privilegiertheit unter die Nase zu reiben. Dann fahren sie mit 350 PS unter ihrem reinrassigen Arsch mit 80 km/h durch die 30er-Zonen, denn in diesen 3-Tonnen-Hausfrauenpanzern spürt man ja die wirkliche Geschwindigkeit so gut wie gar nicht und selbst ein Kind oder ein Rentner, der da unter die Räder kommt, ist für so einen Wagen kaum mehr als eine Bodenwelle.

Es ist statistisch erwiesen, dass das Unrechtsbewusstsein mit der Größe der Autos abnimmt, will heißen: umso größer der Wagen, umso mehr fühlen sich die FahrerInnen im Recht, auch wenn sie im Unrecht sind und gegen gängige Verkehrsregeln verstoßen. Darüber hinaus haben diese Autos die größten Zuwächse im Verkauf. Anscheinend will jede und jeder, der irgendwie kann oder einen Kredit bekommt, so einen Wagen haben. Autos, die sich selbst kaputt machen, denn bei einem Verbrauch von 15 bis 30 l auf 100 km im Stadtverkehr (denn wo gibt es Deutschland, wo selbst die Feldwege betoniert sind, noch echtes Gelände?) sorgen sie dafür, dass der Treibstoff noch teurer und knapper wird. Darüber hinaus ist der Wertverlust eines teuren Neuwagens so groß wie sonst bei keinem Produkt. Im Mittelalter versteckten sich die kleinen Männer in riesigen metallisch glänzenden Rüstungen, um größer zu wirken, die Nazis zeigten mit Hakenkreuzabzeichen, langen Ledermänteln und Waffen ihre Macht und heute symbolisieren diese riesigen Offroader mit ihren Logos auf dem Kühler, dass irgendetwas mit den Besitzern nicht stimmt. Mein Sohn sagt da nur: »Penis …«

Glücklicherweise bin ich aber kein paranoider offroadamoklaufender Psychopath, sondern ein nichtsnutziger armer Lesebühnenautor, der darüber einfach nur schreiben darf und so seinen ganzen Hass frisch herausschreibt und -liest … und gut!

Und bitte jetzt nicht mit »Neid« kommen. Ich bin vielleicht neidisch auf einige gute Romane von Helmut Krausser oder auf ein paar skurrile Einfälle von Marcus Sauermann und auf manchen Lottogewinner, aber gewiss nicht auf jemanden, der weit mehr als 60000 Euro für ein Auto ausgibt (eine Penisverlängerung kostet übrigens nur so um die 10000 Euro und in Rumänien gibt es die schon für die Hälfte).

Was ist der Unterschied zwischen einem Offroader und einem Hooligan? Es gibt keinen. Beide saufen wie Sau, schleppen Blondinen durch die Gegend und wenn sie in dich reinfahren, dann gute Nacht.

Das alles schießt mir durchs Hirn, während diese blonde »Frau« bei laufendem Motor neben ihrem Wagen steht und meinen Sohn gedanken- und hirnlos anlächelt, während ich immer noch versuche, den Kinderwagen an ihrem Panzer vorbeizubekommen, ohne das halbe Gebüsch oder den schwarzen Lack ihres besternten Panzers mitzunehmen.

Nach drei Metern haben wir sie dann erreicht, wo es dann wirklich kein Vorbeikommen mehr gibt und ich mir überlegen muss, wie ich sie auf diese Situation ansprechen soll, wenn sie nicht auf die Seite geht oder wieder einsteigt.

Wahrscheinlich ging sie davon aus, dass wir ehrfürchtig die Straßenseite wechseln, damit sie in Ruhe auf dem Gehweg parken kann.

Ich aber bin trotzig und weiche nicht aus. Und zu ihrem Glück bin ich ja auch kein paranoider gewaltbereiter Psychopath, der verdammt viel Lust hat, ihr eine verschissene Windel meines Sohnes ins Gesicht und auf die Windschutzscheibe ihres Offroaders zu schmieren und dann richtig fett »benzinfressender teutonischer Hausfrauenschlampenpanzer« mit weißer Ätzfarbe auf ihr Auto zu sprühen. Nein, ich halte mich da zurück und habe mich voll im Griff. Ich schreibe diese geheimen Wunschgedanken nur auf!

Also kurz bevor ich ihr mit gesenktem Blick ein Zeichen geben muss, dass wir so mit dem Kinderwagen an ihr bei geöffneter Tür nicht vorbeikommen, scheint Gott dieser intelligenzallergischen teutonischen Masse einen Funken Licht und Mitleid zu schenken, denn sie schließt die Tür und tritt beiseite.

Ich will ihr schon ein total ironisch-überzeugendes »Oh, Dankeschön, wie aufmerksam!« schenken, als sie in die Tasche greift, eine Schachtel Marlboro light entnimmt und sich eine Fluppe anzündet.

Das ist dann das Zeichen, auf das mein Sohn gewartet hat. Wohlerzogen, wie er ist, sagt er laut »pfui« und »Asi!« und zeigt mit dem Finger auf sie.

Ihr Grinsen verschwindet schlagartig und der Funken christliche Zurückhaltung, dem sie für einen Moment ausgesetzt war, erlischt. Hätte sie jetzt einen Deutschen Schäferhund anstatt eines Teutonia-Kinderwagens in ihrem Kofferraum, sie würde ihn auf uns hetzen.
»Pfui, Asi!«, wiederhole ich laut. Wow, das waren das erste Mal zwei Wörter hintereinander, also beinahe schon ein Satz, ein Zweiwortsatz! Ein Meilenstein in der kindlichen Sprachentwicklung!
»Du hast ›Pfui, Asi!‹ gesagt?!«, frage ich nochmal laut. Mein Sohn lächelt mich freudig an.
Die Blonde glaubt jetzt sicher, ich würde gleich mit ihm schimpfen und ihm den Mund mit Seife auswaschen.
»Pfui, Asi!« Super! Bitte sag es noch einmal. Ich muss gleich deine Mama anrufen und ihr das erzählen. Am besten, du sagst das nochmal ins Telefon, damit sie es selbst hören kann. Die wird sich freuen und so stolz auf dich sein! Zwei Wörter hintereinander ... Mensch! Mein Sohn!
Die Frau kapiert gar nichts und ich grinse schulterzuckend, denn ein Eindreivierteljähriger ist einfach nicht strafmündig und woher soll ich schließlich wissen, wo er solche Ausdrücke gelernt hat. Auf den Spielplätzen von heute weiß man ja nicht, was für teutonisches und anderes Gesindel sich da so mit ihren Bälgern herumtreibt.

Wir laufen weiter und ich spreche meinem Sohn das Offroader-Vaterunser vor:

Offroader unser, der du heizt durch die Ortsdurchfahrt, geheiligt werden deine vier überdimensionierten Geländereifen, Dein Ansehen auf schwarzen Alufelgen komme, Deinen Status man sehe wie in Stuttgart, so auch in ganz Deutschland. Unsere täglichen PS gib uns heute. Und vergib uns das Parken auf Behindertenparkplätzen, wie auch wir vergeben unseren Neidern. Und führe uns nicht in 'ne

Volksabstimmung, sondern erlöse uns von den Grünen. Denn dein ist die Straße und die Kraft und die Schnelligkeit in Ewigkeit. Brumm.
»Brumm«, sagt mein Sohn.

PS.: Maus und Pferd sind allein auf 'm Hof. Pferd fällt ins tiefe Loch und schreit um Hilfe, Maus kommt, überlegt kurz, holt den Porsche Cayenne aus der Garage und zieht mit Hilfe eines Seiles das tollpatschige Pferd aus dem Loch. Am nächsten Tag fällt die doofe Maus selber ins Loch, schreit um Hilfe, Pferd will den Cayenne holen, ist aber zu groß (ist ein teutonisches Pferd und passt selbst da nicht rein). Überlegt kurz, lässt dann den Schwanz ins Loch und zieht die Maus raus.
Moral? Wer einen langen Schwanz hat, braucht keinen Cayenne.

BÜCKWARE
NICOLAI KÖPPEL

Hätte der Zentralrat der Sozialistischen Einheitspartei Deutschlands im Vorfeld von meiner Zeugung erfahren, er wäre vermutlich dagegen gewesen. Und zwar aus Prinzip – und ganz ohne mich zu kennen. So war er, der Sozialismus im kalten Krieg. Einen Sozialismus ohne kalten Krieg haben wir in Deutschland nicht erlebt (noch nicht), urteilen wir also nicht vorschnell. Ich weiß nicht, wieso ich vor einiger Zeit auf meine Mutter so lange einteufelte, bis sie mir die nun folgende Geschichte erzählte. Im Nachhinein könnte ich auch ohne die Wahrheit leben. Mache ich ja so auch oft genug.

Der Westberliner Winter 1971 war, wie Berliner Winter angeblich immer sind, schweinekalt. In Berlin kann es nicht einfach nur Winter sein, das verzogene Einzelkind unter den deutschen Großstädten gibt sich nicht mit Morgenfrost und ein paar verschneiten Tagen Anfang Januar zufrieden. Hier muss es was Besonderes sein, klirrende, schneidende, messerscharf pfeifende Kälte, und meterhohe Schneematschwehen müssen alle Straßen und Gassen in ein weltmetropolenwürdiges weißes Chaos verwandeln, so dass jeder, der in der 1971er West-Tagesschau die Bilder aus Berlin sah, auch bei 25 Grad Zentralheizung schaudernd die Schultern hochzog und sich wahnsinnig darüber freute, in Augsburg, Kiel oder sogar Braunschweig zu wohnen. Oder selbst in Jena oder Erfurt, wenn man dem Ostfernsehen glaubte, denn laut der Aktuellen Kamera vom Kanal DDR 1 war es im kuscheligen Sozialismus Ostberlins immer einen brüderlichen Tick wärmer als im Westen der Stadt. Heute würde man mit solcher Propaganda niemanden mehr hinter dem Ofen vorlocken. Apropos Propaganda: Farbfernsehen gab es zwar schon, es kam aber erst im darauffolgenden Sommer meiner Geburt rechtzeitig zur Olympiade in Mode. So lange wollte meine Mutter nicht warten, und ein Farbgerät kostete so viel wie ein halbes Auto. Also saß meine Mutter am 5. Dezember 1971 in Westberlin vor dem ehelichen Schwarzweißfernseher und wollte weder Auto noch Farbfernsehen. Aber was wollte sie? Dazu gleich mehr. Mein damals noch zukünftiger Vater stand im Unterhemd in der gut geheizten Wilmersdorfer Altbauwohnung (also wenn man den Grundriss von damals zur Hand hat, nicht nur klar im Westen der Stadt, sondern auch im Westzipfel der ebenfalls ehelichen Wohnung) und mühte sich zugekniffenen Auges, ebenfalls die Blusenfarbe der Ansagerin auf dem schwarzweißen Fernsehbild zu erkennen. Meine Mutter hatte soeben behauptet, die Bluse sei eindeutig grün.

»Wie willst'n dit sehen?«, fragte mein Vater kopfschüttelnd. Darauf meine Mutter: »An den Reflexen und am Licht natürlich. Grün schimmert doch ganz anders als rot oder blau.«

Mein Vater hatte einen ganz anderen Reflex angesichts einer Gattin, bei der es im Kopf schimmerte. Er verließ den Raum und kehrte mit einer frisch entkronenkorkten Flasche Schultheiß zurück, die er ins Blickfeld meiner Mutter hob und sprach: »So höre, Blume meines Herzens, wusstest du, dass Schultheiß eigentlich lila ist? Nicht dass ich's je gesehen hätte, denn ich trinke ja mit geschlossenen Augen direkt aus der braungetönten Flasche. Ich nehme das aber wohlwollend an. Prost.«

»Mach dich nur lustig«, sagte meine Mutter.

»Mach ick doch, wat willste denn?«

»Ich will ein Kind.«

Mein Vater lehnte sich in den Türrahmen und betrachtete sein im Fernsehsessel sitzendes Weib: »Auf die Entfernung wird das knifflig. Soll ick rüberkommen?«

An dieser Stelle wechselte meine Mutter das Thema. Aber »rüber« war schon richtig. Meine Mutter erklärte. Erst kürzlich, im Frühling 1971, hatte Erich Honecker den Vorsitz der SED von Walter Ulbricht übernommen. Prompt war im September das sogenannte Viermächteabkommen erarbeitet worden, das unter anderem den Personenverkehr zwischen Westteil und Ostteil der geteilten Stadt neu regeln sollte. Sobald es in Kraft war, würde es sicher nicht einfacher werden. Wann also, wenn nicht jetzt?

»Morgen ist Nikolaustag«, bemerkte meine Mutter. »Wir könnten uns in einem Ostberliner Süßigkeitenladen die leckere Leipziger Schokolade besorgen.«

Mein poetisch veranlagter Vater formulierte sein Erstaunen: »Dich zieht's in die Zone zwecks Zuckerzeugs?«, und meine Mutter führte mit einer Mehrdeutigkeit in der Stimme, die meinem Vater höchstwahrscheinlich entging,

jegliche vielleicht von Gattenseite geplante Diskussion zu einem abrupten Ende, indem sie sagte: »Ich will was Süßes!«
Mehrdeutigkeit? Dazu kommen wir gleich. Jetzt galt erst einmal: gesagt, gereist. Die edelsten Kakaobohnen kamen gerüchtehalber aus südamerikanisch-sozialistischen Bruderländern der Deutschen Demokratischen Republik, und ein Tagesvisum nach Ostberlin bekam man noch denkbar unbürokratisch morgens an einem der acht Grenzübergänge der Stadt. Meine Mutter hatte ihren freien Tag, und meinem Vater fiel nicht schnell genug etwas ein, das er sich hätte vornehmen können.

Am nächsten Spätvormittag betraten die beiden plangemäß einen Schokoladeladen am Ostkreuz, in dessen Regalen sicher massenhaft Marzipan, Dominosteine und stanniolumhüllte sogenannte Schokoladenhohlkörper gestapelt waren. Nikoläuse und Weihnachtsmänner im rotweißen Coca-Cola-Sinne waren ja vermutlich als westliche Attribute verpönt. Ich habe das nicht extra recherchiert, haben Sie bitte die Güte, derartige Schlampigkeiten als Zeichen besonderer Authentizität zu würdigen. In diesem Zusammenhang sei daran erinnert, dass die Geschichte sowieso immer von Siegern geschrieben wird. Meine Nochnichtganzeltern hatten vom Zwangsumtausch die Geldbörsen voller Ostgeld und wurden im Schokoladeladen freundlich begrüßt.
Meine Mutter verfiel nunmehr aufs Schauspielern und benahm sich, als müsse sie mal dringend für kleine Imperialistinnen. Sie fragte die etwa fünfzigjährige Verkäuferin des Ladens nach einer Möglichkeit auszutreten und wurde in einen Nebenflur gewiesen. Meinen Papa zog sie hinter sich her. Er hatte immer noch keine Ahnung. Scheue Blicke, ob jemand folgte. Hier wusste man nie so genau.
Meine Mutter bugsierte ihren ahnungslosen Mann durch

die Tür der Damentoilette, schubste ihn direkt in die Kabine, folgte ihm und schloss die Tür.

»S'n hier los?«, fragte er. Endlich kam ihm was komisch vor. Aber nun war es längst zu spät. Sie sah ihn ernst an und flüsterte: »Mach – mir – ein – Kind! Jetzt und hier!«

Mein Vater wurde nervös. »Bist du irre? Wenn die uns erwischen!«

»Ich mach' keinen Mucks«, versprach sie.

»Ouh, heute mal mit Ansage? Ick schwöre, dit wär'mar ja nicht uffjefalln.«

Glaubt man den Erzählungen meiner Mutter, begann sie nun, langsam und wortlos ihren Rocksaum anzuheben, bis der Anblick meinen Vater bewegte, seinerseits den Gürtel seiner Hose zu lockern. Aber just in diesem Moment klopfte es von außen an die Kabinentür: »Ja nee, wirklich, also machen Se mal die Tür auf!«

Die Schokoladeladenfrau war ihnen nachgeschlichen und hatte gelauscht.

»Gibt's denn bei euch keine Privatsphäre?«, tönte mein Vater zurück. Meine Mutter war schon dabei, sich die Bluse aufzuknöpfen. Das Stöhnen kam allerdings von der anderen Seite der Tür: »Ouh, ihr Westler immer. Hopp, los jetzt, aufmachen! Männer haben da drin ohnehin nüscht zu suchen. Dis 'ne Damtoilette.«

»Er hilft mir nur«, warf meine Mutter ein, »ich krieg den Reißverschluss nicht auf!«

»Junge Dame, Sie ham gar nichts mit Reißverschluss an, wenn ich das richtig gesehen habe«, fuhr die Schokoladeladenfrau fort, »und alle andere Reißverschlüsse lassen Sie mal schön zu, und komm' Se beide wieder raus.«

»Mit erhobenen Händen oder was?«, tönte mein Vater.

»Ohne irgendwas Erhobenes, wenn's möglich ist.«

Es war möglich. Es wäre vielleicht sogar schlauer gewesen. Aber wenn meine Mutter sich was in den Kopf gesetzt hatte, hielt sie weder Ochs noch Esel auf.

»Hören Sie«, sagte sie, » wir sind glühende Verehrer der sozialistischen Idee.«

»Is' ja nischverbodn«, kam es von draußen, »aber auf dem Klo wird nisch geglüht.«

Meine Mutter insistierte. »Jawohl«, räumte sie nun ein, »wir wollen hier ein Kind zeugen. Aber kein gewöhnliches Kind. Ein süßes Kind, ein wunderbares … und vor allem: ein sozialistisches Kind.«

Die Schokoladeladenfrau rüttelte an der Tür: »Des wird ja imma doller. Uffmachen, aba hoppla. Da kann ja jeder kommen.«

»Also ich kann so nicht!«, protestierte mein Vater, »und überhaupt«, flüsterte er meiner Mutter zu, »was soll denn dit sein, ein sozialistisches Kind?«

»Also kommse jetzt raus oder nüsch? Ich kann gern mal 'nen Vopo holen, dann ham Se Ihr'n Westen aber für die nächsten paar Tage gesehn.«

»Aber wir haben doch gar nichts gemacht!«, wehrte sich meine Mutter.

»Da bleim Se notfalls neun Monate hier, das sehmer ja dann«, sagte die Schokoladeladenfrau lakonisch, »hier könnse jenfalls nüsch so ohne weiteres geschleschtlich verkehrn, bloß weil's Ihnen Spaß macht.«

»Aber hier liegt ein Missverständnis vor«, rief meine Mutter nun. »Wir machen das hier doch nicht aus Jux und Dollerei. Wir wollen unser Kind auf dem Grund und Boden der Deutschen Demokratischen Republik zeugen, weil wir denken, dass es so mit den richtigen Werten empfangen wird und quasi als Klassenkämpfer die Bühne der Welt, in unsrem Falle der BRD, betritt.«

Eine Pause entstand, in der mein Vater sich zu meiner Mutter beugte und ihr ins Ohr flüsterte. »Was denk' ich?« Aber meine Mutter hatte nur Ohren für die Stille auf der anderen Seite der Damentoilettentür, denn sie verriet ihr, dass die Schokoladeladenfrau zuhörte. »Unser Kind«,

so sprach meine Mutter in sanftem Erklärton, »wird den Umsturz des kapitalistisch-kolonialistischen Westens vorbereiten, die kulturelle und finanzielle Vormachtstellung der Vereinigten Staaten von Amerika unterminieren und quasi von innen heraus das imperialistische System umkrempeln, auf dass wir alle ein einig Volk von Brüdern werden und der Kapitalismus im Rückblick der Weltgeschichte quasi nur wenige Momente gedauert haben wird.«
»A-ha!«, sagte die Schokoladeladenfrau, »und wenn's ein Mädchen wird, was dann?«
Peinliches Schweigen. Aber nur kurz. Denn auf einmal stieß mein Vater trotzig hervor: »Dann auch!« Meine Mutter griff zärtlich seine Hand. Von der ehelichen Liebkosung agitiert erhob nun mein Vater die Stimme und donnerte: »Gerade wenn's ein Mädchen wird! Ein Mädchen aus dem Osten wird es sein, das einst die Regierung eines vereinigten Deutschlands führt!«
Stille auf der anderen Seite der Damentoilettentür. Dann konnte sich die Schokoladeladenfrau nicht mehr halten und prustete los: »Höhöhöhö, jetzt habt'r eusch verrodn, wollt ihr misch doch bloß veräppeln, nä escht, ihr seid zu komisch. 'n Mädschn! Raus da, ihr Spaßfeeschel! Aber isch muss scho sagen, beinoh hädded ihr misch gehabt.«
Was soll ich weiter erzählen? Mit einem Scheibchen Ostgeld entriegelte die Schokoladeladenfrau kurzerhand die Damentoilettentür von außen und scheuchte meine zukünftigen Eltern unverrichteter Dinge zurück in den Laden. Vor dem Laden patrouillierte tatsächlich ein Volkspolizist, und so kam es zu folgendem Deal: die zweimal fünf Ostmark Zwangsumtausch sowie alles weitere Geld, das meine Eltern bei sich hatten, sollte komplett und augenblicklich in Süßwaren angelegt werden, anderenfalls würde die Schokoladeladenfrau meine Möchtegern-Erzeuger der sozialistischen Staatsgewalt übergeben. Seufzend willigten die beiden ein und verließen das Fachge-

schäft wenige Minuten später mit vier großen Kisten von unter der Ladentheke, in denen sich je drei Lagen von je sechs mal acht stanniolumhüllten Leipziger sogenannten Weihnachtsschokoladenhohlkörpern befanden. Bevor Sie ins Rechnen kommen und so Gefahr laufen, die gleich folgende Pointe zu verpassen: es waren demnach 576 Weihnachtsschokoladenhohlkörper. Falls Sie je von dem mysteriösen 1971er Weihnachtsschokoladenhohlkörperengpass in Ostberlin gehört haben, wäre hiermit auch das geklärt. Der Zeugungsakt, dessen Resultat ich nun tatsächlich bin, fand am darauffolgenden Abend auf dem Wilmersdorfer Küchentisch im Westteil der Stadt, wenn schon im Ostteil der elterlichen 2½-Zimmer-Wohnung statt. Wenn man meiner Mutter glauben kann, war dank meines Vaters auch dieser Vorgang im Rückblick der Weltgeschichte in wenigen Momenten vorbei. Der auf Veranlassung meiner ungezeugten Schwester stattfindende Systemwechsel hin zu einer brüderlichen Wertegemeinschaft ist logischerweise unterblieben, ich kann da gar nichts dafür. Von der ganzen Aktion habe ich nur diese Erzählung und ein paar Schwarzweißfotos meiner schwangeren Mutter mit schokoverschmiertem Mund. Aber trotzdem es nur Schwarzweißfotos sind, erkennt man doch ganz genau, dass es sich um schokobraune Verschmierungen handelt. Das schimmert nämlich anders als grün oder blau. Außerdem hilft's, wenn man's weiß – und den Vornamen, den Mama mir gegeben hat, Nicolai, die russische Form von Nikolaus. Aus Trotz, weil man im Osten nicht an den Weihnachtsmann glaubte.

FLÜGELBRAND
Marcus Sauermann

Ich erinnere mich, mir ein Rennrad in Silber und Schwarz gewünscht zu haben mit fünf Gängen. Mehr Gänge sind nämlich Schnickschnack, hat Walli gesagt, und Walli kannte sich mit so etwas aus. Sein Vater war Fernfahrer und kam ordentlich herum. Mein Vater kam nicht herum. Der war Lehrer und kannte sich entsprechend eben nicht aus. Er hatte vorgeschlagen, ich solle mir doch ein Bonanzarad wünschen, mit Bananensattel, Mittelstangenschaltung und Chopperlenker, wie sie damals Mode waren. Zum Glück konnte ich ihn davon abbringen. Walli hielt das schließlich für oberpeinlichen Vollschnickschnack … und ich natürlich auch.

Ich erinnere mich an das tiefe Seufzen meines Vaters beim Anblick seiner Weihnachtspyramide, deren Flügel sich trotz angezündeter Kerzen darunter einfach nicht drehen wollten. Und so standen die Heiligen Drei Könige auf ihrem Drehteller, welcher mit den Flügeln verbunden war, still und standen still und standen still. Mein Vater stupste die Flügel an, die Flügel drehten sich, die Könige darunter liefen im Kreis, mein Vater strahlte. Sehr bald verfinsterte sich aber wieder sein Blick, die Flügel verloren an Schwung und blieben sehr bald stehen und ließen meinen Vater wieder seufzen, sein alljährliches Weihnachts-Pyramiden-Verzweiflungs-Seufzen.

Ich erinnere mich an Christian, der am Vormittag des 24. vor unserer Tür stand mit einem Geschenk für meinen Vater. Christian war damals ein Schüler meines Vaters und behauptete, dieser sei »echt mal geil drauf«, er beneide mich um den, aber voll.

Ich erinnere mich, Christian für einen Streberstrulli gehalten zu haben, bis ich von meiner Mutter die Hintergrundgeschichte erfuhr: Mein Vater hatte nämlich im

Biologieunterricht in Christians Klasse die Mendelsche-Vererbungslehre durchgenommen. Zur Veranschaulichung von dominant vererbbaren Merkmalen nahm er als Beispiel das Phänomen des Zungenrollens. Die Menschen gliedern sich in Zungenroller und Zungennichtroller. Entweder könne man seine Zunge wie ein U formen oder eben nicht. Das sei nicht erlernbar, sondern vererbt, erläuterte er seinen Schülern, und zwar dominant im Mendelschen Sinne. Das heißt, zwei Nichtroller-Eltern könnten unmöglich ein Zungenrollerkind bekommen. Als Hausaufgabe ließ er dies von seinen Schülern bei ihren Eltern zu Hause nachgucken. So tat es auch Christian, der tatsächlich seine beiden Eltern der Unfähigkeit zum Zungenrollen überführte, allerdings selber ein Roller war. Das könne gar nicht sein, sagte er ihnen, sie sollten sich mal richtig Mühe geben, das sei schließlich eine Hausaufgabe. Die Eltern von Christian probierten also krampfhaft das Unmögliche, versuchten sich angestrengt im Zungenrollen – ohne Erfolg. Dann brach wohl schließlich seine Mutter in Tränen aus und sein Vater bat ihn um Verzeihung, dass sie ihm bisher verschwiegen hätten, dass er nicht ihr leiblicher Sohn sei. Christian sei als Baby adoptiert worden.

So beschloss Christian also, seinen Eltern nichts mehr zu glauben, wandte sich von ihnen ab und meinem Vater zu, den er damals für den Einzigen hielt, dem man noch trauen konnte.

Ich erinnere mich, Rührung im Gesicht meines Vaters entdeckt zu haben, während er das Geschenk von Christian auspackte: einen Pfeifenständer aus Wurzelholz. Dagegen würde mein Geschenk, ein mickriger Pfeifenstopfer, total abstinken, das war mal klar. Kunststück! Christians Eltern waren Apotheker, Christian ihr einziger Sohn, Adoptivsohn ... trotzdem mit einem Taschengeld, von dem ich nur träumen konnte! Ich kratzte also meine letzten Pfennige zusammen und kaufte noch kurz vor Ladenschluss eine Packung Pfeifenreiniger. Mehr ging nicht. So hatte ich Christian zumindest quantitativ überholt: ein Pfeifenständer von Christian gegen einen Pfeifenstopfer plus 50 Pfeifenreiniger von mir. Es stand also 51:1 für mich und ich hoffte, dass mein Vater das auch so sehen würde.

Ich erinnere mich, meinen Vater gesehen zu haben, wie er kurz vor Ladenschluss ebenfalls noch letzte Besorgungen machte: sechs kräftige Kerzen für die Weihnachtspyramide. Und ich erinnere mich, gedacht zu haben, »Na, ob die passen?«

Ich erinnere mich, wie mein Vater – wieder zu Hause angekommen – die Kerzen mit einem scharfen Küchenmesser unten anspitzen musste, um sie in die eigentlich viel kleineren Halterungen der Weihnachtspyramide zu bekommen, mit den Worten: »Das wäre doch gelacht!«

Ich erinnere mich an ein »Au« und »Ah, verdammt!«, als mein Vater mit dem Messer ausrutschte und es in seinem Finger versenkte.

Ich erinnere mich an einen dicken Verband, mit dem mein Vater Heiligabend herumlief und an eine Weihnachtspyramide, die von sechs Kerzensäulen umsäumt irgendwie »übermotorisiert« wirkte. Die Heiligen Drei Könige in der Mitte gerieten seltsam in den Hintergrund und machten auf mich einen fast ängstlichen Eindruck, so als wollten sie sagen: »Keine Hetze! So eilig haben wir es nun auch wieder nicht!«

Bei genauerer Betrachtung erkannte man am Fuße der weißen Kerzen überall rote Schlieren. Sein Blut, das vergossen wird zur Beschleunigung ihrer Runden.

Ich erinnere mich an meine Großtante, die immer Heiligabend angekarrt wurde – zu meiner Freude, weil sie immer großzügige Geldgeschenke machte; allerdings zum Leidwesen meines Vater, weil sie immer beim Essen ihren Seitenausgang thematisierte und ihm damit den Appetit verdarb.

Ich erinnere mich an den Duft von Braten und Rotkohl und an das Blubbern dicker Soßen auf heißen Herdplatten und die verschwitzte Stirn meiner gestressten Mutter, auf der sich das Licht des Kühlschranks spiegelte, während sie die Dessertschälchen mit Herrencreme stapelte.

Ich erinnere mich an ein Murren, das reflexartig meinem Mund entwich, als meine Mutter mich dazu aufforderte, den Tisch zu decken. Mein Vater könne schließlich nicht, wegen seines verletzten Fingers. »Ich mache das gern«, mischte sich Christian ein, der irgendwie immer noch da war, weil wohl niemand sich traute, ihn offen zu seinen falschen Eltern zurückzuschicken. Fröhlich pfeifend schleppte er das Tablett mit Festtagsgeschirr zum Esszimmertisch. »Isst du auch mit?«, fragte meine Mutter möglichst unverfänglich, »warten deine Eltern denn nicht auf dich?«

»Ach, die …«, war seine Antwort und er deckte lustig für sich mit.

Ich erinnere mich an einen gedeckten Festtagstisch, um den alle saßen und gespannt warteten – auf meinen Vater, der nebendran zur Feier des Tages die Turbokerzen auf seiner Weihnachtspyramide entzündete, den Flügeln einen ordentlichen Anfangsschwung mitgab und sich dann zu uns an den Tisch gesellte, damit es endlich losgehen konnte. »Gesegnete Mahlzeit!«

Ich erinnere mich an eine unglaublich hektische Umrundung der Heiligen Drei Könige um die Achse der Weihnachtspyramide und den zufriedenen Kontrollblick meines Vaters: »Na also, geht doch! – Könnt' ich wohl noch etwas Soße haben?«

Ich erinnere mich an meine Großtante, die unseren Gast Christian vorsorglich darüber aufklären wollte, dass ihrem Seitenausgang hin und wieder Zischgeräusche entwichen, die sich ihrer willentlichen Unterdrückung entzögen, als es von irgendwo anders her zu zischen begann.

Ich erinnere mich an plötzlichen Gestank und Rauch und den panischen Kontrollblick meines Vaters zur Pyramide, deren – nun doch inzwischen wieder stillstehende – Flügel unter der enormen Hitze blitzschnell Feuer gefangen hatten, und ich erinnere mich an den beherzten Griff meiner Großtante zur Soßenkelle, mit der sie die Flammen mit einer gekonnten Soßenüberschüttung löschte. Blubb! Zisch! Aus! Soll noch mal einer sagen, die Kriegsgeneration sei zu nichts zu gebrauchen.

Ich erinnere mich an einen Ausdruck im Gesicht meines Vaters, während er die angesengten Flügel von den Soßenresten befreite, den ich gar nicht recht einzuordnen wusste: Scham? Verlegenheit? Unterdrückte Wut?

Ich erinnere mich, wie sich diese Frage sehr bald beantwortete in Form eines Schreianfalls meines Vaters, nachdem Christian versucht hatte, die verlegene Stille dadurch aufzulockern, dass er von der ersten Mathestunde meines Vaters in ihrer Klasse erzählte, wo es wohl um den Dreisatz ging und die mein Vater mit dem Satz eröffnete: »Nehmen wir an, ich habe drei Eier ...« Bereits nach der nächsten großen Pause fand er eine Ganzkörperkarikatur von sich an der Tafel wieder, die man sich ja vorstellen könne, sagte Christian, bevor er jäh unterbrochen wurde von eben jenem Schreianfall meines Vaters. Schnaubend setzte er an, auf irgendetwas zu schlagen, aber alles wirkte wohl in diesem Moment zu feierlich, so dass er es vorzog, aus dem Esszimmer hinauszustampfen und kurz an die frische Luft zu gehen.

Ich erinnere mich an langes betretenes Schweigen am Festtagstisch nach diesem Wutanfall, bevor ein leises »Ffffft« dem Seitenausgang meiner Großtante entfuhr, das alle spontan und befreiend lachen ließ. Dann hörte man wieder einen Schrei von draußen. Offenbar hatte mein Vater das Lachen direkt auf sich bezogen.

Ich erinnere mich an eine Bescherung, die ihrem Namen gerecht wurde. Vor dem Weihnachtsbaum stand nämlich mein neues Fahrrad, ein Rennrad – immerhin das, aber ansonsten war alles falsch daran, was man nur falsch machen konnte: Es war rotorange statt silberschwarz, da leuchtende Farben ja viel sicherer im Verkehr seien, behauptete mein Vater, es hatte zehn statt der laut Walli vollkommen ausreichenden fünf Gänge. »Toll, oder?«, fragte mein stolzer Vater erneut nach. Aber das Allerpeinlichste war, dass mein Vater in seinem Übereifer zusätzlich noch eine komplette Blinkanlage dranmontiert hatte.

Mit Hilfe eines Schalters am Lenker konnte man es hinten und vorne blinken lassen. »Wie bei einem richtigen Motorrad!«, betonte mein Vater. »Komm, wir gehen mal raus. Das musst du probieren!«

Ich erinnere mich an die peinlichste Radfahrt meines Lebens, die Straße hinunter, vorbei an einem grinsenden Walli, der gerade sein neues ferngesteuertes Rennauto draußen ausprobierte. »Zehn Gänge«, stellte er kritisch mit Kennerblick fest, »willst du damit über die Alpen?«

»Lass doch mal blinken!«, rief mein Vater vom anderen Ende der Straße. Also blieb mir auch das nicht erspart und ich drückte den Schalter nach links zur Freude meines Vaters. »Verstehe«, hörte ich noch den lakonischen Kommentar von Walli in meinem Rücken, »du willst nach links abbiegen.«

Ich erinnere mich, zurückgekommen zu sein mit verfrorenen Fingern von der peinlichsten Fahrt meines Lebens und schnell die Pfeifenreiniger aus dem Gesamtpaket für meinen Vater herausgenommen zu haben, um daraus schnell noch ein paar kitschige Schreibtischdekorationen zu biegen. Ich wusste, wie sehr er so etwas insgeheim hasste. Das für den Blinker!

Ich erinnere mich, ins Wohnzimmer zurückgekommen zu sein und alle in einem angeregten Gespräch mit Christians

Eltern vorgefunden zu haben, die wohl ihren Sohn, ihren Adoptivsohn, ihr Zungenrollerkind abholen wollten.
Christians Vater zeigte gerade meinem Vater, wie man die Porzellankachel auswechseln konnte, auf der die Pyramidenachse gelagert war und die wohl gesprungen war, so dass die Nadel am Fuße der Achse immer wieder in den Spalt rutschte und sich dort festdrehte. Meine Großtante sprach angeregt mit Christians Mutter, die ihr als Apothekerin tolle Tipps geben konnte, wie man mit neu entwickelten Spezialbeuteln für den Seitenausgang das unliebsame »Ffffft«-Geräusch vermeiden konnte, und Christian gestand mir währenddessen, dass er – was meinen Vater anging – doch nicht mehr mit mir tauschen wolle. Er bleibe jetzt erstmalbei seinen falschen Nichtrollereltern. Die schenkten wenigstens keine peinlichen Blinker. Das wiederum bekam mein Vater mit halbem Ohr mit und so hatte die ganze Sache doch auch für mich noch etwas Gutes.
Ich erinnere mich an meinen Vater, der noch Heiligabend mit Verband am Finger die peinliche Blinkanlage von meinem neuen Fahrrad abmontierte, ohne weiter ein Wort darüber zu verlieren, während im Hintergrund seine geliebte Weihnachtspyramide endlich das tat, wozu sie da war: sich im Kreis drehen!
Ich erinnere mich, Jahre später gelesen zu haben, dass die Zungenroller-Theorie bereits in den 50ern widerlegt worden war. So hat damals mein Vater auf der Grundlage längst überholter Überlieferungen doch noch irgendwie eine Wahrheit ans Licht gebracht und am Ende eine eigenwillige Gemeinschaft um seine völlig verkorkste Weihnachtspyramide versammelt.
Tja, und das fasst, wie ich finde, dieses seltsame Etwas, das wir »Weihnachten« nennen, doch ganz gut zusammen, oder?

DER SINN DES LEBENS
HARRY KIENZLER

Vor den Fenstern fiel das Herbstlaub mit der Begeisterung von Lebensmüden in den Tod, der Wind peitschte durch leere Straßen, die nicht mehr von Menschen bevölkert waren, sondern von verlorenen Seelen, die sich mit letzter Kraft an ihren zitternden Körpern festhielten, und ich saß in einem Klassenzimmer und war in der Pubertät. Neben mir meine Mitgefangenen, die ich nie im Leben als Freunde bezeichnet hätte, wenn das Schicksal mir bei ihrer Auswahl mehr Möglichkeiten geboten hätte. Der Anblick der rissigen Wände, die von Furchen und nachlässig gestopften Löchern übersät waren, wurde nur noch von dem unserer von Akne zerklüfteten Gesichter übertroffen.

Konnte es noch schlimmer kommen? Ja, durch das Auftreten eines vor guter Laune hüpfenden Lehrers. Und es war kein strenger Arithmetiker, kein grimmiger Grammatiker, der uns hier entgegentrat, es war die Ausgeburt der uns knechtenden Pädagogik der offenen Arme und des warmen Herzens, der Dämon der Kuscheligkeit: es war unser Ethik-Lehrer.

Er erlegte uns regelmäßig die strengste Prüfung des Schullebens auf, denn er wollte nicht, dass wir Aufgaben lösten oder Sätze formten, hinter denen wir uns verstecken konnten, er wollte einfach nur mit uns reden. Heute hatte er sich etwas ganz Besonderes ausgedacht. Als stummen Impuls schrieb er Folgendes an die Tafel: »Was ist der Sinn des Lebens?« Wir freuten uns zu Beginn auf eine jener Stunden, die sich in Diskussionen verlieren würden, während wir unsere Bänke bekritzelten und die Diskussion der ersten Reihe überließen.

Ich war schon damals ein begeisterter Autor. Während ich später eher zu Ausschweifendem neigte, brachte ich zu jener Zeit noch alles kurz und knapp auf den Punkt. Ich

war ein Meister der Ein-Wort-Dichtung. Als Beispiel mag dieses Frühwerk gelten, bei dem Titel und Text in eins fallen: »Ficken.« Irgendwie musste man solche Wörter ja benutzen, gerade wenn man beim Aussprechen derselben vor irrem Gekicher kaum über die erste Silbe hinauskam. Außerdem schien es mir zu jener Zeit eine erschöpfende Antwort auf die Frage nach dem Sinn des Lebens zu sein. Unser Lehrer riss mich aus meinen Überlegungen: »Ihr werdet jetzt Leute zum Sinn des Lebens interviewen!« »Hä? Wen denn?« Mit einem Lächeln, in dem so manche Rachephantasie Erfüllung fand, sagte er: »Na, fangt doch mal mit meinen lieben Kollegen an.« Das taten wir dann. Wir bauten uns vor dem Lehrerzimmer auf und fragten jeden, der herauskam: »Was ist der Sinn des Lebens?« Die meisten waren damit ziemlich überfordert. Viele von uns hörten sie zum ersten Mal sprechen.
Unser Mathelehrer meinte: »Das geht euch gar nichts an!« Vielleicht hatte er die Frage falsch verstanden. Unser Geschichtslehrer antwortete prompt: »Der Sinn des Lebens ist, einen möglichst langen Schatten hinter sich zu werfen!«, während er zu uns hochgeschossenen Riesen hinaufsah. »L'amour«, säuselte unsere Französisch-Lehrerin, natürlich nicht ohne uns vorher die Frage pädagogisch wertvoll auf Französisch formulieren zu lassen, weil sie ja sonst gar nichts verstünde. »Ja, ja, die Heisenberg'sche Unschärferelation und die Niederungen des menschlichen Geistes ...«, murmelte unser Physik-Lehrer und wir waren uns nicht ganz sicher, ob er jetzt den Sinn des Lebens damit meinte oder unsere Französisch-Lehrerin. Unser Bio-Lehrer sagte: »Nun, der Mensch ist ja ein Herdentier. Es ist uns nicht bestimmt, alleine durch die Prärie zu wandern, daher würde ich sagen, ein gelungenes Zusammenleben ist der Sinn von Allem.« »Muh«, dachten wir und gingen weiter. Schließlich durften wir in die Innenstadt fahren, um unsere Feldstudien dort fortzusetzen. Unser Ethik-Lehrer

sah uns nun gewappnet, den pädagogisch ungebildeten Pöbel zu befragen. Uns stand der Sinn natürlich mehr nach sinnloser Zerstreuung vor der neuesten Spielkonsole im Kaufhaus, aber er überwachte unsere Bemühungen stets von Ferne, mit dem gereckten Pädagogen-Daumen drohend.

»Entschuldigung ...« Mit dieser Anrede verschreckten wir erfolgreich die ersten zehn Passanten, die an uns vorbeikamen. Ein paar warfen uns auch Münzen zu, weil sie unser modisches Styling für Lumpen hielten. Wir hielten durch und leuchtenden Auges sagten sie schließlich andere Dinge wie »sich selbst verwirklichen« oder »für andere da sein«. Einer sagte auch: »Das geht euch gar nichts an!« Das war unser Mathe-Lehrer, der zufällig vorbeikam.

Unser Lehrer hatte schon schmunzelnd Mittagspause gemacht. Wir sprangen verdatterten Leuten aus dem Hinterhalt entgegen wie die Tarnkappenbomber der Metaphysik und krähten: »Was ist für Sie der Sinn des Lebens?«

Das war meine erste Begegnung mit der Philosophie. Noch heute schreie ich manchmal gerne an belebten Plätzen »Ja, ja, die Heisenberg'sche Unschärferelation und die Niederungen des menschlichen Geistes!«, um ehrfürchtiges Schweigen um mich zu verbreiten.

ALLES RICHTIG
MARITTA SCHOLZ

Ich fasse es nicht, jetzt ist die sauer. So eine Mimose! Natürlich ist es schlimm, dass sie in so kurzer Zeit zwei Fehlgeburten hatte, aber was reagiert die so empfindlich, wenn ich sage, dass sie sich einfach mal mehr entspannen muss, damit das klappt? Stimmt doch. Kommt die mir mit Chromosomenschaden und dass das mit Entspanntheit nichts zu tun habe, weil Frauen in Krisengebieten ja auch Kinder bekämen und die ja unter Dauerstress ständen. Ja und? Trotzdem ist das Gefühl und die Einstellung, die frau hat, das Wesentliche. Also ich wusste ja immer, dass das mit meinen Kindern gut geht. Ich habe alles richtig gemacht. Hatte eine positive Einstellung und habe mich gesund ernährt. Meine Eisenwerte waren beide Male so was von spitze. Da bin ich immer noch stolz drauf. Muss man halt was für tun. Schließlich schrote ich unser Korn fürs Müsli selber und Gemüse gibt es nur von Demeter. So kann mir gar kein Chromosomenschaden in den Bauch kommen. Die hat ja früher auch mal geraucht. Ist doch klar! Ne, die kann mich mal. Habe der gleich mal einen Link geschickt zu www.happypregnancy.de, die muss doch verstehen, dass ich das gut meine. Ich bin schließlich auch beide Male sofort schwanger geworden. Beides Punktlandungen. Ich wusste, dass da ein Kind von mir empfangen werden will. Da habe ich mich halt überwunden. Waren die einzigen Male in fünf Jahren, dass ich den an mich rangelassen habe, aber es hat sich gelohnt. Stillen ist so toll. Die Kleine will zwar nicht mehr so richtig, aber das lass ich mir nicht nehmen. Ich liebe das, dieses Gebrauchtwerden, dieses Unersetzlichsein.

Oh, dieser Haushalt. Dieser Nichtsnutz kann aber auch nie seine Sachen wegräumen. Jetzt räume ich schon seit einer Stunde auf und habe meine Haare immer noch nicht gewaschen. Irgendwie geht das auch nicht mehr, als Mutter lange Haare zu haben. Das dauert alles immer viel zu lange und in der Zeit machen die Kinder Terz. Und nach dem Waschen sieht das Bad aus … überall Haare, die ich dann auch noch wegwischen muss. Andererseits kann man in meinem Alter auch nicht auf die Dinge verzichten, die einen noch irgendwie attraktiv machen. Und lange Haare werden nun mal von den meisten Männern als attraktiv angesehen, vor allem wenn sie lockig und blond sind.

Kindchen, kannst du mal bitte still sein? Peter, zieh dich sofort an, wir müssen los. Nein, keine Sandalen heute, Gummistiefel, es regnet. Lauf bloß nicht weg. Komm jetzt her. Wir müssen los.

Puh, endlich alleine, Jana bei der Tagesmutter, Peter im Waldkindi. Knapp drei Stunden Zeit, um aufzuräumen, zu kochen, den Fliesenleger, den Ofenbauer und den Architekten anzurufen. Ach, und die Fengshui-Tante. Oje, wie soll ich das nur alles schaffen? Mit diesem Loser ein Haus zu bauen, war aber auch von vorneherein eine blöde Idee. Das wusste ich ja. Aber ich will es so unbedingt. Immer noch. Ein Eigenheim, ein Holzhaus, alles ohne Schadstoffe, ein Zuhause für uns. Es ist finanziell alles so knapp kalkuliert. Das macht mir Bauchschmerzen. So sehr, dass ich kaum noch schlafen kann. Letzte Nacht bin ich deshalb um drei Uhr aufgestanden und einfach mit dem Auto in die Nacht gefahren. Ich wollte nur noch weg. Habe dann aber am Allgäuer Tor wieder umgedreht, schließlich muss ich ja um 6 Uhr die Jana stillen. Tobias hat mich nicht einmal darauf angesprochen, wo und warum ich weg war. Macht der nie. Auch nicht, als ich letztens einen Heulkrampf bekommen habe nachts, sehr lange. Der dreht sich nur weg. Halt ein totaler Depp, in jeglicher Hinsicht.

Heute sind wir nochmal die Kalkulation durchgegangen. Es hilft alles nichts, das kann man drehen und wenden, wie man will. Das ist alles zu knapp kalkuliert. Es wird so lange gehen, wie nichts Unvorhergesehenes passiert, Auto kaputt oder Waschmaschine, dann bricht alles zusammen. Urlaub ist nicht drin und auch keine Extras, keine Klamotten, keine Ausflüge, nix. Da hilft alles nichts, dann muss ich doch arbeiten gehen. Denn von meinem Arsch-Mann ist nichts zu erwarten. Keine Ahnung, was der den ganzen Tag so treibt, auf jeden Fall kommt zu wenig rum. Ist zwar von morgens bis abends bei der Kundschaft unterwegs, aber scheint denen nix zu verkaufen. Toll. Viel-

leicht macht der auch den lieben langen Tag was Anderes. Im Haus war ich auch nochmal. Es wird so wunderschön, wenn es fertig ist. Auch wenn wir ein paar Extras streichen mussten. Da lungern aber gerade immer so nichtsnutzige Jugendliche rum und rauchen. Hab' denen gesagt, dass das Privatbesitz ist und die Wände sehr schnell Feuer fangen können. Haben die nur gelacht und gesagt: Verpiss dich, du frigide Öko-Schlampe.
Das kann ich jetzt echt nicht auch noch brauchen. Stellt die mir das Beratungsgespräch in Rechnung. Auf Nachfrage sagt sie, dass zwei Stunden halt nun mal nicht mit zum unverbindlichen kostenlosen Gespräch zählen können. Ich hätte ja auch sehr viele Fragen gehabt. Oh nein, wieder 150 Euro, die eigentlich nicht eingerechnet waren. Aber gestern hatten wir trotzdem erstmal Richtfest. Mann, war das aufregend. Peter war ganz aus dem Häuschen. Leider waren nicht so viele Freunde und Bekannte da, eigentlich nur meine Eltern und mein Bruder und die ganze Nerv-Bagage von meinem Mann. Meine Chromosomen-Fehlgeburts-Freundin ist auch nicht gekommen. Meinte, es sei zu weit und sie würde ja auch arbeiten und außerdem stimme die Beziehung gerade nicht so zwischen uns. Na, die kann mich jetzt aber echt mal. Wenn die nicht einmal würdigt, dass es was Besonderes ist, wenn ein Holz-Fertighaus steht. Geht's noch? Die ist doch nur neidisch! Neidisch auf mein tolles Leben. Zwei Kinder hintereinander, ohne Komplikationen, und ein frei stehendes neues Holzhaus. Die hat ja nur so eine olle Gebrauchtimmobilie. Klar, dass die das nicht verkraftet.
Ich kann nicht mehr. Ich heule nur noch. Das alles bricht uns das Genick. Und ich soll schon in drei Wochen anfangen zu arbeiten. Ich kann nicht mehr schlafen. Und die Fliesen werden jetzt auch teurer als gedacht. Und die Küche! Warum nur sind Küchen so unglaublich teuer? Ich zittere und heule und zittere. Und was macht der? Erwi-

sche ich ihn heute Abend am PC und sehe, dass er Tetris spielt. Mann, hab' ich den zusammengefaltet. Der grinst dann nur, wenn ich brülle. Bringt mich noch mehr auf die Palme, das. Habe dann nach ihm geworfen, was ich gerade in der Hand hatte. War ein Kirschkernkissen. Hat ihn am Kopf getroffen. Da hat er schon wieder gelacht. Ich habe nur noch gebrüllt. Ihm nochmal alles an den Kopf geworfen, dass er ein Versager ist, mich anekelt, Mundgeruch hat, so was eben. Was man halt in so Situationen so sagt. Aber ich habe alles schon gesagt. Mir fällt nichts mehr ein, was das toppen könnte. Also habe ich nochmal »Ich hasse dich« gebrüllt. Da wurde Jana wach und ich hab' sie gestillt. Peter kam auch an und meinte: Mama brüllt wieder, Mama ist böse. Zum Glück konnte ich ihn mit einer Mandelmilch wieder beruhigen. Jetzt schläft alles, nur ich nicht. Ich drehe noch durch.

Ich würde mich so gerne mal wieder entspannen. Kraft schöpfen. Sauna ist so ein Paralleluniversum. Weg von allem, nur Körperlichkeit. Fünfzehn Minuten weg, von Wärme umhüllt, ganz eingepackt, nur der Organismus arbeitet, Gedanken sind nebensächlich, entspannen, atmen, schwitzen, nicht bewegen. Umarmt von Wärme. Nach fünfzehn Minuten fängt es an, unangenehm zu werden. Raus, abkühlen, gehen, Kreislauf stabilisieren. Wenn die Körperlichkeit nachlässt, wieder rein. Schwitzen, Körper, Gliedmaßen spüren, Gedanken weg. Aber irgendwann muss man aufhören. Zurück in die Realität. Wieder Sehnsucht. Hach, das hätte ich gerne mal wieder. Bin eh so verfroren. Letztes Jahr in Finnland, als wir uns noch Urlaube leisten konnten, war ich jeden Tag in der Sauna. »Pass mir auf, dass du dich nicht auflöst«, sagte Tobias und küsste mich. Und ich küsste zurück und fand gar nicht, dass er Mundgeruch hat.

Diese Blagen, können die nicht einmal still sein! Hier sieht es aus ... Peter, lass deine Schwester in Ruhe, Jana, kreisch nicht so! Herrgott nochmal. Zum Glück kommt gleich der Opa und bringt die beiden weg. Und dann: tausend Anrufe erledigen. Gestern war ich bei der Bank und habe gefragt, was passiert, wenn wir das Projekt stoppen. »Das geht nicht!«, sagte Herr Schneider. Berappelte sich dann aber wieder und ergänzte: »Natürlich kann man immer von allem zurücktreten. Ich kann Ihnen aber nur sehr nachdrücklich davon abraten. Dies ginge mit sehr hohen finanziellen Verlusten für Sie einher.« Ich fragte, wie hoch, er wurde blass und sagte, er müsse das ausrechnen. Es geht nicht, es bricht uns das Genick. So oder so. Wir müssen da raus. Ich weiß auch schon, wie. Die gehirnamputierten Jugendlichen haben ihre Kippen samt Feuerzeug liegen lassen. Dass die da immer rumhängen und rauchen, weiß ja die ganze Nachbarschaft. Die waren es. Und die Versicherung zahlt.

War ja klar, dass Rausschleichen kein Problem ist. Der schläft und schnarcht. Da ist es, unser wunderschönes Eigenheim. Oh, ich weine. Und mir ist so kalt. So eiskalt. Und ich bin sterbensmüde. Egal. Es muss sein. Für die Kinder. Schnell noch die Handschuhe und jetzt die Kippen und das Feuerzeug. Hui, das fängt aber schnell Feuer. Wäre ja auch nicht ungefährlich gewesen für die Kinder und mit dem Ofen. Muss ich denen sagen, ach nein, jetzt ja nicht mehr. Und jetzt noch hier und hier und hier. Was für ein Feuerchen und wie es wärmt. Ich zerstöre meinen Traum, etwas zerbricht in mir. Jetzt muss ich aber schauen, dass ich weg komme, bevor die Nachbarn aufwachen. Nur noch ein bisschen. Mein geliebtes Haus. Hier wären wir glücklich geworden. So warm, so warm, wie in der Sauna. Es umhüllt mich wie eine Umarmung. Ich werde so müde. Nur noch ein bisschen. So müde. Nur kurz die Augen schließen und von dem schönen Leben hier träumen. Nur noch ein bisschen. Es ist warm und ich bin in Sicherheit.

Pornos & Waldmeistersirup
Carolin Hafen

Als ich sieben war, habe ich die Pornosammlung meines Bruders entdeckt. Bestehend aus zwei VHS-Kassetten. Voll 90er, aber immerhin. Er war 14 und stolz darauf, zwei VHS-Kassetten zu besitzen, auf denen zu sehen war, wie es zwei Menschen richtig miteinander taten. Eigentlich sah man nur Titten rauf und runter wackeln. Er dachte wohl, so ginge das. In diesem Jahr wurde er in der Schule richtig beliebt. Vorher war er nur ein Blödmann mit Brille und 'nem Buch unter dem Arm. Dass es sich dabei meist um ein Biologiebuch oder eine Enzyklopädie handelte, in der er nach schweinischen Wörtern suchte, tut hier nichts zur Sache.

Woher ich das alles weiß? Aus dem Tagebuch meines Bruders. Wie gesagt: Brille, Blödmann, Buch unter dem Arm. In der Bravo hatte er gelesen, dass Mädchen auf Jungs stehen, die Zugang zu ihren Gefühlen haben. Also schrieb er Tagebuch – aber er hatte die Sache nicht ganz kapiert. Bei ihm wurden es immer wieder Briefe an die Mädchen, in die er sich unsterblich verliebt hatte, und die zeigte er dann der jeweils Angebeteten und stellte so fest: die Bravo hat unrecht.

Als ich sieben war und versuchte, die krakelige Schrift meines Bruders zu entziffern und dem Geschreibsel Sinn zu entnehmen, trat ich seine Privatsphäre mit Füßen. Es sei mir zu verzeihen, so ein schwieriges Wort kannte ich damals noch nicht, und wenn ich es gekannt hätte, wäre es mir scheißegal gewesen. Sein Zimmer war immer viel interessanter als meines. Noch heute bedeutet mir das Wort nichts. Ich durchsuche seinen Kram immer noch, wenn ich ihn besuche. Seine Pornos sehen inzwischen auch nicht mehr aus wie Aufnahmen aus dem Kabel-1-Nachtprogramm.

CAROLIN HAFEN **113**

Als ich also sieben war und zwei VHS-Kassetten ohne Etikett fand – ich war eigentlich auf der Suche nach einer Aufnahme von einem Asterix-Film –, schob ich die Kassette in den Videoplayer, um zu sehen, was denn da drauf war. Ich schaute mir beide Filme an und dachte noch jahrelang, um schwanger zu werden, müsste man einem Mann Himbeersirup vom Dödel lecken.
Ich weiß noch, dass ich erleichtert dachte: zum Glück Himbeersirup. Mit Waldmeister hätte ich ein echtes Problem, Kinder zu kriegen.
Wie ich auf diesen Gedanken kam, erschließt sich mir heute nicht mehr. Es hatte wohl auch etwas mit dem Aufklärungsgespräch meiner Eltern zu tun. Mein Bruder war ja in so einem schwierigen Alter und sollte über gewisse Dinge Bescheid wissen. Ich war in so einem Alter, in dem ich bequem in seinen Kleiderschrank passte, um eine Weile dort auszuharren. Mit Kissen, Decke, Taschenlampe und Schokoriegel. So wurde ich aufgeklärt, kurz bevor ich die Pornosammlung meines Bruders entdeckte.
Nachdem ich beide Kassetten angesehen hatte, mit dem Finger auf der Vorlauftaste – die machten ja immer nur dasselbe und redeten kaum –, danach also ging ich zu meiner Mutter.
»Schau mal!«, sagte ich, »hab' ich gefunden.«
Meine Mutter setzte sich im Wohnzimmer in unseren alten Schaukelstuhl, ein Erbstück von Oma, legte sich eine Decke über die Beine (was hat sie bloß erwartet?) und schaute sich die erste Kassette an. Mir war langweilig, ich kannte den Film ja schon, und mein Bruder war nicht da. Ich lümmelte irgendwo im Haus herum. Meine Mutter schaute offensichtlich nicht im schnellen Vorlauf, das Ganze dauerte …
Ich war mir sicher, mein Bruder würde Ärger bekommen. Als kleine Schwester hat man so ein Gespür für Dinge, die man petzen sollte, welche richtig Ärger geben, und

den unwichtigen Kram. Mein Vater kam nach Hause. Ja, ich wuchs noch damit auf: »Warte, bis dein Vater heimkommt. Dann …«

Meinem Vater war vieles relativ schnurz, daher kam nach dem Dann nicht mehr viel. Er kam nach Hause, wir aßen zu Abend, meine Eltern, meine Brüder und ich. Nichts passierte. Ich wunderte mich sehr.

»Mama, zeigst du dem Papa noch Michaels Nackedei-Film?«

Meinem Bruder fiel die Kinnlade auf den Teller, der ging zu Bruch. Sein Blick, der mich traf, bedeutete: Du bist nachher auch kaputt.

Meine Mutter riss die Augen auf, mein anderer Bruder kapierte gar nichts, mein Vater kaute einfach weiter, Nacktheit beunruhigt ihn nicht.

Meine Mutter sagte: »Scht!«

Wieso war ich jetzt diejenige, die ein »scht!« bekam? Blöde Familie, echt. Ich schmollte.

Mein Bruder bekam keinen Ärger, ich dafür diverse blaue Flecken, die ich nicht mal petzen konnte – meine Eltern halten viel von Privatsphäre, also damals noch. Die Sache wurde unter den Teppich gekehrt. Mein Bruder bekam seine Videokassetten nicht zurück, was aber auch daran lag, dass er sich nicht traute, unsere Mutter danach zu fragen. Als wir einige Tage später Waldmeistersirup im Kühlschrank entdeckten, beschlossen wir beide, die Sache nie wieder zu erwähnen.

Heute bin ich der Meinung, meine Eltern halten auch nicht viel von Privatsphäre. Die Filmchen meiner Brüder und mir, inzwischen auf DVD und in besserer Qualität, verschwinden dauernd auf wundersame Weise. Jedes Mal, wenn meine Eltern zu Besuch waren, fehlen ein oder zwei.

TRICK OR TREAT
HEIKO REIMANN

Herbstferien. Morgens um kurz vor sieben spürte ich eine weiche, warme Hand meinen Kopf streicheln. Sie gehörte meiner großen Tochter, einer erstklassigen Zweitklässlerin. Auch wenn ich das sehr genoss, so früh am Morgen, so wusste ich doch, was als Nächstes kam.

»Du bist der liebste Papa der Welt«, flüsterte sie. Ich lächelte und wartete. Und da kamen sie auch schon, die unweigerlichen Worte nach dem Streicheln und dem Kompliment, das man durchaus mit dem Anfüttern beim Angeln vergleichen konnte: »Papa, stehst du mit mir a-hauf?«

Es war Mittwoch, der 31. Oktober, der Morgen des Tages vor Allerheiligen. Das half mir leider rein gar nichts. Ich stellte mich schlafend. Was hätte ich auch sonst tun sollen? Die zuvor noch zärtliche Hand rüttelte jetzt so lange an mir, bis jedes Sich-schlafend-Stellen seine Glaubwürdigkeit verloren hatte.

»Papaa …!« – den Rest schenkte sie sich. Um eine Siebenjährige zu täuschen, brauchte es inzwischen mehr als einen Doppelzentner müden Fleisches. Vielleicht würde ein Dreifachzentner glaubhafter erscheinen? Ich schwang meine schrundigen Füße aus dem kuscheligen Bett auf das kalte Laminat, was ein tickendes Geräusch erzeugte, Zehennägel oder Hornhaut: egal.

»Wieso musst du jetzt schon aufstehen – du hast doch Ferien?«, fragte ich lahm und kratzte mich am Sack.

»Ich muss doch noch mein Hexenkostüm fertig nähen«, flüsterte sie mit in etwa demselben Ernst wie bei einer Verurteilung zu lebenslänglicher Haft.

»Hexenkostüm«, wiederholte ich, als hätte sie mir eine katalanische Vokabel beibringen wollen, und klaubte meine Socken aus dem Staub. »Ja, Papa. Ich brauch' dazu noch eine von deinen Jeans, die dir nicht mehr passen.«

»Die könnte ich aber noch brauchen«, wandte ich halblebig ein, als Flicken für die anderen Jeans, dachte ich und stieg in die Socken.

»Mama hat gesagt, die brauchst du ganz sicher nicht mehr, aber ich muss trotzdem fragen.« Hört, hört! Nach einer völlig misslungenen Anprobe gab ich ihr meine engste Jeans, die ich bestenfalls noch mal im Endstadium Krebs brauchen würde.

Der Tag nahm seinen Lauf: Frühstück, die Kinder ihre Zimmer aufräumen lassen, der Frau Ausflüge ausreden und so weiter bis: Mittagsnickerchen. Und da, mitten auf dem Sofa, in einem Zustand völliger Entspannung und fließender Gedanken fiel mir ein:

»Warum eigentlich ein Hexenkostüm?«, rief ich meiner Tochter zu, die mit selbigem so gut wie fertig geworden war. Sie kam freudestrahlend herangehüpft und hielt mir stolz ihr Jeans-Hexenkostüm hin, das sie aus einer ehemaligen Levi's 501 geschneidert hatte – geschnitten, genäht und mit Sicherheitsnadeln fixiert. Und alles ohne einen Zentimeter Tesafilm oder Packband. Als ich das sah, war ich so stolz, dass ich mich sogar aufsetzte. »Wow!«, sagte ich und fand keine weiteren Worte. Dann doch: »Wozu brauchst du das denn?«

»Na, heute gibt's doch wieder Süßes oder Saures«, sagte sie und schlüpfte in ihr Kostüm. Unsere Töchter probierten die verschiedensten Verkleidungen aus, und zuletzt waren sie Hexe und Piratin und mittlerweile Feuer und Flamme und erzählten vom letzten Jahr, wie die Tricker und Treater gekommen waren. Meine Frau hatte extra ein Päckchen billige Gummitiere gekauft, damit wir was zum Verteilen hatten. Was mich betraf verfolgte ich einen ganz anderen Plan. Süßes oder Saures.

Und dann war es so weit. Als es klingelte, sprangen die Mädchen auf und der dicke Papa dazu, und die Mama hielt sich fluchend im Hintergrund, weil sie den Akku vom Fo-

toapparat nicht so schnell aus dem Ladegerät heraus- und in die Kamera hineinbrachte. Ich schnappte meine längst bereitgelegte Jutetasche und stapfte zur Haustür. Meine Töchter versteckten sich hinter mir und schauten von dort aus zu. Sechs Kids standen vor der Tür, farbenfroh verkleidet und bereit, ihr Sprüchlein abzuliefern. Ich war schneller: »Oh, die Heiligen Drei Könige – jetzt schon? Habt ihr Verstärkung dabei?«
Unbeirrt fingen sie aus voller Kehle zu singen an – von bösen Geistern und davon, dass man sie vertreiben solle.
»Was wird das, wenn's fertig ist?«, fragte ich, und die Jutetasche in meiner Rechten verriet, dass ich sehr wohl Bescheid wusste.
»Süßes oder Saures!«, skandierten sie, im Schnitt vielleicht sieben, acht Jahre alt.
»Dann seid ihr hier genau richtig« sagte ich und langte in meine Tasche. »Was ist das übrigens, dieses Halloween?«, fragte ich und wühlte übertrieben in meiner Tasche herum. Ein mutiges Mädchen mit rußgeschwärztem Gesicht drängte sich vor und sagte: »Früher war das mal Weltspartag, heute ist das halt Halloween.« Den kannte ich schon.
»Ja, und Twix war früher Raider«, klärte ich sie auf. »Dieses Halloween ist doch auch wieder nur eine aus Amerika herübergeschwappte heidnische Unart, meines Wissens, wie Hamburger oder Pommes. Subtiler Imperialismus, nichts weiter!«
Das Mädchen holte tief Luft und rasselte in drei Atemzügen herunter: »Halloween ist die Nacht vor Allerheiligen und hat ihren Ursprung in Irland. Die katholischen Iren, die nach Amerika ausgewandert sind, haben Halloween in Amerika verbreitet. Eine direkte kontinuierliche Verbindung zu keltischen Bräuchen ist bis heute zwar nicht nachgewiesen, doch gibt es tatsächlich einige Parallelen, stark vereinfacht gesagt. Wenn du mehr wissen willst – Wikipedia!« Meine Kinnlade schlug am Boden auf. Klug-

scheißerkinder habe ich noch nie leiden können. Ich nickte nur.
Da blitzte es. Von hinter mir. Meine Frau hatte den Fotoapparat startklar gekriegt und hielt alles fest. Auch mein bedeppertes Gesicht in der Drehung. Ein bisher schweigsamer, dicker Junge mit roten Wangen warf mir von hinten zu: »Und übrigens stammen Pommes ursprünglich nicht aus Amerika, sondern aus ...« Er ließ mir eine kurze Denkpause wie bei einem Quiz, und als ich nicht draufkam, präsentierte er mir die Lösung: »Aus Belgien!«
»Das hätte ich nicht gedacht«, stammelte ich. Die vertraute Stimme meiner Frau ertönte: »Außerdem ist doch heute Reformationstag, Schatz. Das weißt du als Evangele ja sicherlich«, sagte sie in einem Ton, der – nett gemeint – meine Unwissenheit vor den Kindern kaschieren würde. Ich brauchte einfach »klar doch« sagen.
»Ähm – nö, wusste ich nicht!«
Die Kinder nutzten die entstandene Pause: »Süßes oder Saures, Süßes oder Saures ...«, skandierten sie. Und jetzt schlug meine Stunde: Ich nahm den Kopf hoch und die Jutetasche. »Süßes oder Saures habt ihr gesagt, nicht wahr?« Sie skandierten weiter. Ich kramte in der Jutetasche, als wäre sie voll bis oben hin und bekam den glatten, harten, runden und kalten Gegenstand zu greifen. Jetzt zerrte ich ihn heraus und hielt den Kindern das Glas mit den sauer eingelegten Maiskölbchen entgegen. »Süßes oder Saures – also entscheide ich mich für Saures!«, ätzte ich. Der Pommes-Junge nahm das Glas und verstaute es, sichtlich nicht zufrieden, in einer blauen Tasche mit Apothekenwerbungsaufdruck. »Nicht sauer sein«, empfahl ich mit süßlichem Grinsen und schloss die Tür, ging aber noch nicht weg. Meinen Kindern bedeutete ich mit erhobenem Zeigefinger vor den Lippen, still zu sein. Durch das geriffelte Glas war draußen einiges an Aktivität zu erkennen, dann klingelte es wieder. Ich hielt das Päckchen Süßes in

der Hand und riss die Tür auf, als könnte ich die Meute erschrecken. Ich staunte. Mein Schuhabtreter stand in Flammen. Reflexartig trat ich auf das Feuer, immerhin in Hausschuhen, und wusste, bevor ich wirklich drin stand, was da unter dem brennenden Blatt Papier, nicht dem Schuhabtreter, auf mich lauerte. Sie hatten es sicherlich vom Fahrradweg hinterm Haus zusammengeklaubt: Hundescheiße. Gibt's daja massenhaft, keine Sau räumt die Häufchen weg, nicht einer ... außer heute! Und dann landete der Mist auf meinem Schuhabtreter.

Die Flämmchen waren tot, meine Schuhe verdreckt, meine Autorität vor meinen Kindern angekratzt und zu allem Übel schoss meine schallend lachende Frau – in guten wie in schlechten Zeiten – ein Bild nach dem anderen. Die Mädchen lachten mit und trieben ihre Späße, sodass mir nichts Weiteres übrig blieb, als die Tüte mit dem Gummizeugs aufzureißen und großzügig zu verteilen, auch wenn es nicht von Haribo war.

Und jetzt würde ich ein ganzes Jahr Zeit haben, mir eine adäquate Rache auszudenken. Saures oder Bitteres! Ich könnte ja schon mal anfangen, die ganzen Hundehäufchen einzusammeln, einzufärben und einzufrieren. Da ließen sich nächstes Jahr prima Bonbons draus machen. Oder noch besser: Ich klaue alle Deosteine, die im Pissoir meiner Lieblingskneipe liegen, überziehe sie mit Kuvertüre und verteile nächstes Jahr Pralinen. Ich freu' mich schon ...

DAS KANN JA EITER WERDEN
CHRONIK EINER MIDLIFE-CRISIS, TEIL IV
VOLKER SCHWARZ

Und er sprach zu mir: Du Menschenkind, meinst du wohl, dass diese Gebeine wieder lebendig werden? Und ich sprach: Herr, du allein weißt es.
Hesekiel 37, 3

Nun hast du also Quartier im Krankenhaus bezogen – hierher gebracht durch Meniscus Medialis, wobei es sich aber nicht etwa um einen griechischen Taxifahrer handelt, sondern um die halbmondförmige Unterlegscheibe im Kniegelenk.

Und die deine ist so zertrümmert wie deine Jugendträume. Dein Krankenzimmer gleicht einer Fertigpizza: fade, grau, nach Käse riechend und exotisch belegt. Die Zutaten sind Anastassios, Murali, Norbert und du; sozusagen »Quattro Stazione«. Bis auf deine Wenigkeit sind alle Zimmergenossen bereits tranchiert, repariert und rekonvaleszent eingelagert worden.

Anastassios ist ein griechischer Rentner, der behauptet, eine »Akropolis« hinter sich zu haben, womit er vermutlich eine Arthroskopie meint. Murali stammt aus Indien und verdingt sich als fliegender Händler; sein linker Oberschenkel und sein Deutsch präsentieren sich gleichermaßen gebrochen. Verbleibt noch der Finanzbeamte Norbert. Von einer schweren Schulterfraktur genesend, leidet er chronisch an zwanghaftem Mitteilungsbedürfnis. Fragst du ihn nach der Zeit, erklärt er dir, woraus eine Uhr besteht. Norberts Spezialität sind Erzählungen über seine persönlichen Klinikaufenthalte. Und da du der Neuling bist, hat diese Verbalplage es sich zur Aufgabe gemacht, dir mit unzähligen postoperativen Horrorszenarien aufzuwarten, um dir in diesen schweren Stunden den Rest zu geben. Ein Zeitgenosse, der sich quasi nur wohl fühlt, wenn sich jemand anders nicht wohl fühlt.

Die Visite der Anästhesistin erlöst dich aus Norberts bluttriefender Anatomiestunde. Sie händigt dir einen Fragebogen aus, auf dem du eingangs ankreuzen darfst, ob die Betäubungsart, die man dir demnächst durch die hiesige Giftküche verabreichen wird, englisch, medium oder welldone sein soll.

Die Frage, ob es bei dir je zu Komplikationen in Verbindung mit Narkosemitteln kam, erinnert dich an deine Erfahrungen mit einer Haschischpfeife. Sozusagen ein Matt in fünf Zügen, und danach hattest du dich einen Tag lang für Günter Grass gehalten. Aber das behältst du lieber für dich.

Dein Vertrauen in die Medizin sinkt drastisch, als du in der Zeile darunter um Auskunft gebeten wirst, wer zu benachrichtigen sei, falls du wider Erwarten auf dem OP-Schragen zu erkalten gedenkst.

Unter den gewünschten Angaben deiner Trink- und Rauchgewohnheiten empfiehlst du einen Rotwein aus der spanischen Duero-Region in schmauchender Liaison mit der kubanischen Montecristo Nr. 4.

Und als finaler Test, ob diese Formulare auch tatsächlich gelesen werden, notierst Du unter den Angaben zu Alter und Beruf: 546 Jahre, Alchimist.

Wenig später steht deine Operationsbesprechung an. Der Chirurg, welcher die heilende Hand gegen dich erheben wird, begrüßt dich ermunternd. Keine Sorge, versichert dir der Skalpellmeister, er habe sich auf diesen Eingriff spezialisiert, da sein Alkoholproblem keine schwierigeren Operationen zulasse. Sofern er nicht wieder einen epileptischen Anfall erleide, sollte alles glatt gehen. Und, flüstert er dir ins Ohr, ob du eventuell eine Niere entbehren könntest. Diese würde er sodann profitreich weitervermitteln und mit Dir dann halbe-halbe machen. Vorausgesetzt du würdest wieder aus der Narkose erwachen. Sodann grinst der Knochenschlosser dich väterlich an: Keine Sorge, alles nur kleine Medizinerscherze. Er sei quasi Medizyniker, haha.

In deiner ersten Nacht arrangieren dir Anastassios, Murali und Norbert ein Kammerkonzert für drei Motorsägen, so dass es Morpheus nur mittels einer Schlaftablette gelingt, dich zu keulen. Am nächsten Morgen erwachst du auf dem Flur. Die Zimmergenossen hatten dein Bett des Nachts dorthin gerollt, da du angeblich furchtbar laut schnarchtest.

An diesem Tag widerfährt dir also das einschneidende Ereignis. Kurz vor der Operation betritt ein aus XX-Chromosomen perfekt gediehenes Exemplar dein Zimmer: Krankenschwester Sarah. In Gedanken nennst du sie sogleich Sahara, da dir in ihrer Nähe der Schweiß ausbricht. Dir begegnet diese pflegende Schönheit allerdings so kalt wie die besagte Wüste bei Nacht. Stoisch kredenzt sie dir ein dreiteiliges Frühstück, bestehend aus einem Morgen!, trockenan den Kopf geworfen, einer Thrombosespritze, unsensibel in deinen Bauch gerammt, und einer rosafarbenen Pille, die sie dir in den Mund stopft. Du fragst die ebenso Spröde wie Schöne, was denn diese Tablette bezwecken soll, da nimmt sie dich lächelnd an der Hand und ihr gleitet durch eine Tür, dahinter sich im Sonnenschein eine endlose Blumenwiese erstreckt, über die ihr nun nackt und mit Rosenkränzen im Haar federleicht dahintanzt. Zärtlich leckt dir Sahara mit ihrer glühend heißen Zunge über die Wangen ... als plötzlich der Film durchbrennt und Klatschgeräusche ertönen. Sodann erblickst du zwei Männer in weißen Kitteln, die sich im Disput über dein Bein geneigt befinden und es nebenbei mit Markierungen versehen. Offensichtlich eine Strategiebesprechung unter Chirurgen. Plötzlich werden die beiden von Schwester Sahara ermahnt, Schiffe-Versenken nicht auf bewusstlosen Patientenkörpern zu spielen, das müsse sie dann hinterher wieder abwaschen. Oh, diese makabren Zivis! Dass deine

Operation bereits vorüber ist, erkennst du anhand deines verbundenen Knies und dem inneren Drang, »Die Blechtrommel« korrigieren zu wollen. Als du endlich begreifst, woher deine heiße Wange und diese Klatschgeräusche rühren, bittest du Schwester Sahara, damit aufzuhören, dich zu ohrfeigen, da du sonst der erste Patient sein würdest, der durchs Aufgewecktwerden sterbe. Also auf der Wiese war sie eindeutig netter zu dir.

Zwei Stunden später, in deinem Krankenzimmer, drückst du den Notfallknopf und verlangst dringend, deinen Operateur zu sprechen. Als dieser eintritt, vermeldest du ihm, neben der Operationsnarbe schmerzhaft einen harten Gegenstand unter der Haut zu erfühlen, vermutlich eine Pinzette. Der Chirurg wird sichtlich nervös und tastet hektisch dein Knie ab. Erfolglos. Du grinst ihn an. Kleiner Patientenscherz.

Danach heißt es für dich nur noch, hungrig drauf zu warten, bis die Uhrzeiger endlich auf Gary-Cooper-Zeit vorrücken. Als erstes Mittagsmahl serviert man dir eine üppige Komposition aus vier Salatblättern und einem bei der Steakprüfung durchgefallenen Fleischplätzchen, Geschmacksrichtung »Pferdesattel nach scharfem Ritt«. Enthielte das Dessert in seiner chemischen Struktur noch einen weiteren Kohlenstoffring, es wäre wohl ein Plastikbecher geworden. Und anstelle von Besteck legte man dir lediglich Pinzette und Skalpell bei – der wenig subtile Hinweis deines Chirurgen, wer in diesem Hause die Scherze macht.

Auch am dritten Tag deines Aufenthalts reagiert Schwester Sahara auf deine Freundlichkeiten weiterhin antiseptisch. Und dabei hattest du dir am heutigen Morgen sogar eine kleine Zielscheibe auf den Bauch gemalt, um die Griesgrämige aufzuheitern, wenn sie dir dahin die Thrombosespritze verabreicht. Doch hielt sie die Kreise für ein Melanom und schlug Alarm. Als Vergeltung für ihre

Bloßstellung vor dem Stationsarzt hatte die Gedemütigte dafür gesorgt, dass dir von ihren beiden Zivi-Schergen ein Kochsalz-Klistier verabreicht wurde. In diesem Karboltempel sind sie nachtragender als ein indischer Elefant. Inzwischen zeigt sich euer Krankenzimmer von Patienten der ganzen Station frequentiert. Hat doch Anastassios inzwischen ein Büro für illegale Sportwetten eröffnet, während Murali seine Zimmerecke in einen florierenden Marktstand für Alltagsbedarf verwandelte. Indische Düfte und Flötenmusik erfüllen den Raum, bunte Tücher bedecken die grauen Wände – man sollte nur darauf achten, nicht versehentlich auf die Kobra zu treten. Auf Bestellung kocht der indische Zimmergenosse auch ein ausgezeichnetes Curry. Anfangs tagte hier zudem ein durch Norbert gegründeter Stammtisch von OP-Veteranen, doch dem wusstet ihr abzuhelfen. Nur zu gern begrüßte Murali deinen intriganten Vorschlag, dem allseits nervenden Labersack ein extra scharfes Chicken-Curry zu bereiten. Just nach den ersten Bissen transpirierte der gute Nobby bereits wie eine Sprinkleranlage, sodann glaubte er, seine Zunge schlage Blasen und kurz darauf flehte er gar einen Chirurgen an, er möge ihm den Unterkiefer absägen. Seitdem spricht er nicht mehr mit euch. Geht doch.

Am Abend betritt nochmals Schwester Sahara das Zimmer, um deinen Verband zu wechseln. Dabei überrascht sie dich mit der Frage, wie es dir eigentlich gelungen ist, dich so ungeschickt zu verletzen.

Also erzählst du ihr deine Geschichte, in all ihren Schrecken. Erzählst ihr von der Sparkasse, in der du dich zufällig aufhieltest, als ein bewaffneter Maskierter hereinstürmte und euch dort stundenlang festhielt. Berichtest ihr, wie du dich schließlich dem Bankräuber als Geisel im Tausch für eine junge Frau anbotest. Wie der Polizeischarfschütze, als ihr beide sodann aus der Bank kamt, versehentlich dir mit einem Gummiprojektil ins Knie schoss und der Räuber sodann unerkannt mit einer halben Million fliehen konnte. Schwester Sarah habe davon bestimmt in der Zeitung gelesen. Nein, habe sie nicht, haucht dir die schöne Frau bedauernd entgegen. Aber sie betrachte dein Verhalten als ungemein heldenhaft. Welch eine Courage! Bescheiden wiegelst du ab und erwiderst nur, dass es Situationen gibt, da ein Mann tun muss, was ein Mann tun muss. In diesem Moment werden die Berührungen von Schwester Sahara behutsamer – ja gar zärtlich. Wie sie weiterhin so an dir hantiert, denkst du an Kläranlagen, Eitergeschwüre und Dirk Bach, in der Hoffnung, dies möge dein primäres Geschlechtsmerkmal vom Zeltbau mit deiner Sporthose abhalten.

In dieser Nacht träumst du von deiner Zukunft mit Schwester Sarah: Lust, Liebe, Hochzeit, Kinder, Haus, teures Auto … Schulden, Alkoholismus, Pfändung, Kinder zur Adoption freigegeben, gemeinsamer Banküberfall und anschließende Flucht in die Karibik – herrlich!

Deine romantischen Pläne zerbrechen wie dein Meniskus, kaum dass dich deine niederträchtigen Freunde besuchen. Einer von ihnen erzählt nämlich sogleich Sahara, wie du dein Knie auf dem Einser-Sprungbrett im Freibad verrenkt hast, als du dort abgerutscht bist, während du vor einer Gruppe junger Frauen mittels einer simplen Arschbombe den Tarzan geben wolltest.

Parbleu! So wird die gekränkte Schwester Sarah dir gegenüber wieder zum wandelnden Gefrierpunkt, mit Blicken, die klarstellen, dass euer beider Körper niemals näher als eine Thrombosespritzenlänge aneinandergeraten würden.

Am Abend betritt unter Fanfarenklängen ein großes Namensschild den Raum. Daran ist ein Mann befestigt. Auf dem Schild steht: Chefarzt Prof. Dr. Dr. med. habil. Becker. Dieser lässt sich von einem untertänig dreinblickenden Arzt seines zehnköpfigen Gefolges über deinen Fall in Kenntnis setzen. Dabei gehen mehr lateinische Begriffe über den Tisch als bei einem Exorzismus. Während er an dein Bett tritt und sich beinahe interessiert nach deinem Befinden erkundigt, küsst du ehrfürchtig seinen Siegelring. Sodann klagst du dem Pontifex clinicus, nach ersten Gehversuchen Platsch-Geräusche im geflickten Knie zu vernehmen, worauf jener dir empfiehlt, zur Frequenzüberlagerung künftig während des Gehens zu pfeifen. Ferner lobt Äskulaps Nachfahre die schönen Narben auf deinem Knie. Sie erinnern ihn an den Stadtplan von Venedig, dahin er unbedingt wieder einmal reisen wolle. Bevor er mit seiner Entourage abziehen und seinen nächsten Italienurlaub planen kann, fragst du ihn noch: »Wann werden mir Menschenkind diese Gebeine wieder lebendig und ich entlassen?« Und er spricht zu dir: »Das weiß allein der Herr – also jener, der hier für vollständige Zimmerbelegung zuständig ist.«

Und siehe da, in diesem Siechenhaus scheint man Gebeine im Akkord zu restaurieren, denn schon am nächsten Tag wird dein Bett anderweitig benötigt und man setzt dich vor die Tür.

Deinen Abtransport übernimmt Achilleás Eudoxia, wobei es sich aber nicht um ein lädiertes Körperteil handelt, sondern um einen griechischen Taxifahrer.

TOASTERFLÜSTERER
Marcus Sauermann

Dass da irgendwie besondere Kräfte in mir schlummern, habe ich erst bei der Geschichte mit der Fernbedienung gemerkt. Die ging auf einmal nicht mehr. Natürlich dachte ich zuerst an die Batterien, habe sie ausgetauscht, aber ohne Erfolg. Noch mal andere Batterien, noch mal probiert, noch mal geschüttelt, noch mal probiert, noch mal geschüttelt, noch mal probiert, umgedreht, noch mal probiert, umgedreht, geschüttelt und noch mal probiert. Nix. Ich wurde auf einmal sehr müde, was ich auf den Verzehr einer fettigen Makrele mit reichlich Remouladensoße zum Abendbrot zurückführte, vielleicht ermüdeten mich auch die immer wiederkehrenden Klänge von nebenan, wo mein Wohnungsnachbar auf seinem neuen Didgeridoo übte. Jedenfalls schlief ich auf meiner Wohnzimmercouch ein, kämpfte mit einem unruhigen Schlaf und seltsamen Träumen.

Früh am Morgen wachte ich dann auf. Sobald ich meinen Kopf ein wenig neigte, ging plötzlich mein Fernseher an und auf dem Verkaufssenders QVC schwärmte mir eine ältere Damenstimme von der frechen Natürlichkeit des Nostalgiepüppchens Jolande vor. Intuitiv drückte ich auf den Ausschalter meiner Fernbedienung, auf der ich offenbar genächtigt hatte. Und siehe da: sie ging wieder. Was war das? Noch mal ausprobieren: ein, aus, ein, aus, ein, umschalten, umschalten, umschalten, aus, wieder ein, umschalten, umschalten, lauter, leiser, lauter, aus. Ja, sie ging wieder. Oder? Noch mal ein, umschalten, umschalten, umschalten, leiser, lauter, leiser, aus. Ja, tatsächlich. Sie ging wieder. Toll.

Im Badezimmerspiegel entdeckte ich an diesem Morgen merkwürdige rote Stellen auf meiner Wange. Bei genauerer Betrachtung stellten sie sich als Abdrücke heraus, Abdrücke von den Knöpfen meiner Fernbedienung. Wer weiß, wie lange ich auf ihr gelegen hatte. Jedenfalls hatte es seine Wirkung gezeigt. Sie hatte in der Nacht über den Kontakt mit meiner Wange eine Heilung erfahren und funktionierte von diesem Tag an ohne jegliche Störung.

Klar denkt man zuerst: Zufall. Ich natürlich auch, ich bin ja von Haus aus Naturwissenschaftler, ich habe schließlich bereits zu meinem siebten Geburtstag einen Chemiebaukasten geschenkt bekommen, das sagt ja wohl alles.

Ich hatte den Vorfall eigentlich schon fast vergessen, als

einige Zeit später mein uralter Langhaarschneider ausfiel. Als ich im Elektrofachhandel erfuhr, wie viel ein gleichwertiges Neugerät inzwischen kostete, schien es mir an der Zeit zu sein, meinen Heilungskräften doch noch einmal eine Chance zu geben.

Wichtig ist bei so etwas, exakt die gleichen energetischen Umstände herzustellen, in denen der ursprüngliche Heilungsprozess eingebettet war. Ich legte mich also in dem gleichen Bademantel wie damals zur gleichen Uhrzeit noch einmal auf meine Wohnzimmercouch. Den Rasierer reinigte ich vorher von außen und innen, um den empfindlichen mintfarbenen Couchbezug nicht zu gefährden. Vorher hatte ich mir – genau wie damals – eine frische Makrele mit einem halben Stück Brot und einem doppelten Klacks Kräuterremoulade einverleibt und auch meinem Nachbarn von nebenan eine Makrele mitgebracht mit der Bitte, heute noch einmal auf seinem Didgeridoo zu spielen. Es ginge da um ein wichtiges astralenergetisches Experiment. Er verstand kein Wort, tat mir aber den Gefallen, der gutmütige Blödi.

So wurde ich also bald müde. Die schwere Fischmahlzeit und die eintönigen dumpfen Didgeridooklänge vom gutmütigen Blödi nebenan taten ihre Wirkung.

Ich legte mich mit der rechten Wange auf meinen Langhaarschneider und schlief tatsächlich bald ein. Wieder kämpfte ich mit einem unruhigen Schlaf und eigenwilligen Träumen, in denen Thomas Edison auftauchte, aus dessen geöffnetem Hosenstall Nordlichter strömten. Noch bevor ich ihn darauf ansprechen konnte, ließ ein schmerzhaftes Pochen in meiner Wange mich am frühen Morgen erwachen – auf meinem Langhaarschneider. Ich ging damit sofort ins Bad, stöpselte den Stecker ein und stellte ihn an. Er ging. Ich konnte es selbst kaum glauben und probierte es erneut aus: ein, aus, ein, aus, ein, Stufenregulierung auf 2, auf 3, auf 4, wieder runter auf 2, dann 1, dann

MARCUS SAUERMANN **129**

wieder 2, nochmal aus, wieder ein und nochmal wieder aus. Er ging. Ich rasierte mich. Der Trimmer summte vergnüglicher, ja vitaler als je zuvor. Er liebkoste regelrecht meine pochenden Wangen, als wollte er sich bedanken und das wiedergutmachen, was er als rot-entzündlichen Abdruck hinterlassen hatte.
Fortan heilte ich noch manches Gerät: einen Staubsauger, ein Raclette, zwei Toaster, ein Waffeleisen (mach' ich nie wieder, der Wangenabdruck entstellte mich über Wochen) vier Zündkerzen, einen elektrischen Eisportionierer und eine Tiefkühltruhe, auf der ich (nachdem ich sie – aus Rücksicht auf meinen Couchbezug – abgetaut, gereinigt und den Motor entstaubt hatte) besonders unruhig schlief. Aber vielleicht gehört das zum Heilungsprozess dazu, ich bin ja nur das Medium, durch das die Heilungsfluide aus den interspirituellen Lichtknoten hindurch in das astralverschlackte Gerät hineinfließen, um es wieder in Einklang zu bringen mit der kosmischen Wechselstromharmonie. Da braucht man sich nichts vorzumachen.
Seit dieser Zeit trage ich den Namen Balua Amara Elektrael und spiele mit dem Gedanken, zusammen mit meinem Didgeridoo-Nachbarn und dem Makrelenhändler bei uns um die Ecke ein Heilungszentrum für zentralirritierte Elektrogeräte aufzumachen. Es fehlt uns noch ein wenig Gründerkapital, und ich möchte daher an dieser Stelle an alle Bankvorstände unter der geneigten Leserschaft appellieren, sich von der Seriosität und Leistungsfähigkeit unseres Teams – vielleicht im Zusammenhang mit der Heilung eines Ihrer defekten Geldautomaten oder der unzuverlässigen Alarmanlage – zu überzeugen und in eine gemeinsame Zukunft zu investieren, bevor ... Nun ja, sagen wir mal so: Jede noch so hehre Gabe beherbergt immer auch den Missbrauch in sich.

Noch mehr Lesebühne im maringo Verlag:
Hundert weitere Kurzgeschichten zum Nachlesen ...